SELBST GEMACHT

Laktosefrei

Émilie Perrin

SELBST GEMACHT

Laktosefrei

Fotos und Foodstyling: S'cuiz'in

DK

SELBST GEMACHT

INHALT

VORWORT

Was ist eigentlich Laktose? Laktose ist Milchzucker – der Zucker, der in den meisten Milchprodukten von Natur aus enthalten ist. Und Milchprodukte, so lautet zumindest die gängige Meinung, gehören traditionell in weiten Teilen der Welt zur guten Küche.

Doch es gibt ein kleines Problem: Etwa 15 Prozent aller Menschen im mitteleuropäischen Raum haben eine Laktose-Intoleranz. Sie können den in der Nahrung enthaltenen Milchzucker nicht verdauen, da ihnen das Enzym Laktase fehlt. In den meisten Fällen handelt es sich dabei um eine natürliche Intoleranz, das heißt, im Erwachsenenalter produziert der Organismus das Verdauungsenzym nicht mehr in ausreichendem Maße. Aber auch viele Menschen, die Laktose vertragen, verzichten bewusst auf tierische Produkte, also auch auf Milch und Milcherzeugnisse: aus Gründen des Tierschutzes, aufgrund ethischer Bedenken oder um Ressourcen, Umwelt und Klima zu schonen.

Die gute Nachricht für die einen wie die anderen ist: Man kann auch ohne Laktose wunderbar kochen, ob es sich nun um ein liebevoll zusammengestelltes Menü für Gäste oder um unkomplizierte, preisgünstige, aber schmackhafte Alltagsküche handelt. Beispielsweise lassen sich Sahne und Crème fraîche bzw. das darin enthaltene Fett durch Kokosmilch, Soja-, Reis- oder Mandelsahne ersetzen. Ebenso kann anstelle von Kuhmilch ganz einfach Pflanzenmilch und statt Butter pflanzliche Margarine verwendet werden.

In diesem Band finden Sie herzhafte und süße Rezepte, die ohne tierische Milchprodukte auskommen und die all Ihren Freunden schmecken werden – auch denen, die das Pech haben, unter Laktose-Intoleranz zu leiden und daher oft ausgeschlossen sind, wenn es um genussvolles Essen geht.

Übrigens: Prüfen Sie beim Einkauf der Zutaten immer genau die auf den Verpackungen angegebenen Inhaltsstoffe, denn Laktose findet sich in vielen Produkten, bei denen man es nicht vermuten würde. Und dann: Ran an den Herd!

EINFÜHRUNG IN DAS

LAKTOSEFREIE KOCHEN

*Von Marie-Laure André, Ernährungsberaterin**

In unserer Gesellschaft, in der Milchprodukte vom Frühstück bis zum Abendbrot und von der Vorspeise bis zum Nachtisch eine wichtige Rolle spielen, kann eine **laktosefreie Ernährung** durchaus eine Herausforderung darstellen. Manche Menschen müssen aus gesundheitlichen Gründen – zum Beispiel im Falle einer starken Laktose-Intoleranz – auf Milch und Milchprodukte verzichten, andere entscheiden sich aus freien Stücken dazu, diese Produkte vom eigenen Speiseplan zu streichen.

Bei Laktose handelt es sich um einen Zucker aus der Gruppe der Disaccharide, der in Milch und deren Derivaten enthalten ist. Normalerweise kann Laktose mithilfe von Laktase verdaut werden, einem Enzym, das beim Menschen von Geburt an vorhanden ist. Leider verringert sich die Laktaseproduktion im Organismus mit zunehmendem Alter, vor allem im Zuge eines geringeren Verzehrs von Milch. Dabei können Unverträglichkeitssymptome wie Blähungen, Durchfall oder Bauchschmerzen auftreten, die erkennen lassen, dass der Körper nicht in der Lage ist, die Laktose zu verdauen.

GUT ZU WISSEN

Laktoseunverträglichkeit ist in Europa recht unterschiedlich verbreitet: Je weiter südlich man sich geografisch befindet, desto größer ist die Wahrscheinlichkeit für eine Intoleranz. Diese ist bei den Betroffenen unterschiedlich stark ausgeprägt.

** Marie-Laure André ist seit 15 Jahren Ernährungsberaterin im Krankenhaus und hat sich auf die Behandlung von Nierenschwäche, Diabetes und Übergewicht spezialisiert. Zudem ist sie in der Ausbildung von Ernährungsberatern tätig. Sie kocht und isst leidenschaftlich gerne gut und gesund und ist Autorin verschiedener Ernährungs- und Rezeptbücher.*

ALLERGIE ODER UNVERTRÄGLICHKEIT?

Von einer Allergie spricht man, wenn das Immunsystem betroffen ist. Dies ist bei der Laktose nicht der Fall. Hier handelt es sich um eine Unverträglichkeit im Zusammenhang mit dem Fehlen von Laktase oder einem Mangel daran. Sie schlägt sich in Form von Verdauungsstörungen und/oder allgemeinen Beschwerden wie chronischer Müdigkeit nieder. Das Ausmaß der Unverträglichkeit ist sehr unterschiedlich: Manche Menschen können weiterhin geringe Mengen an Laktose zu sich nehmen, während andere vollkommen auf jegliche Milchprodukte verzichten müssen, auch auf solche, die nur Spuren von Laktose enthalten, wie Käse oder Butter.

Bei der Milcheiweißallergie stellt nicht die Laktose, also der Zucker in der Kuhmilch, das Problem dar, sondern ein oder mehrere der enthaltenen Eiweiße. In diesem Fall ist das Immunsystem ganz deutlich betroffen. Diese Allergie tritt zuweilen bereits bei Kleinkindern auf, manchmal ganz plötzlich, und zeigt sich in einem Nesselausschlag oder Anschwellen des Gesichts. Der Verlauf kann auch schleichend sein und mit Verdauungsbeschwerden oder chronischen Mittelohrentzündungen, einem Ekzem, plötzlicher Gewichtsabnahme oder Sodbrennen einhergehen.

NAHRUNGSMITTEL, DIE LAKTOSE ENTHALTEN

Alle Milchprodukte – egal ob von Kuh, Ziege oder Schaf – enthalten Laktose, allerdings in sehr unterschiedlicher Menge. Die Tabelle gibt einen Überblick über den Laktosegehalt verschiedener Lebensmittel.

Milchprodukte	Laktosegehalt (auf 100 g des Produkts)
Vollmilchpulver	**38 g**
Kuhmilch	**4,7 g**
Ziegenmilch	**4,35 g**
Schafmilch	**5,2 g**
Kefir	**4 g**
Joghurt	**3–5 g**
Milchdesserts (Cremespeisen, Pudding etc.)	**3–5 g**
Crème fraîche	**2,5 g**
Quark	**3 g**

Milchprodukte	Laktosegehalt (auf 100 g des Produkts)
Frischkäse	**3 g**
Feta aus Schafmilch	**1,4 g**
Weichkäse: Camembert, Brie etc.	**1–2 g**
Mozzarella	**0,4 g**
Butter	**0,6 g**
Hart- und Schnittkäse: Gouda, reifer Emmentaler, Appenzeller etc.	**< 0,1 g**

Im Falle einer schweren Intoleranz sollte man sämtliche Milchprodukte sowie Milchfett meiden. Dazu zählen:

- Kuh-, Schaf- und Ziegenmilch
- Joghurt (Natur- oder Fruchtjoghurt)
- Schlagsahne
- milchhaltige Desserts und Getränke: Milchreis, Pudding, Fertigdesserts wie zum Beispiel Mousse au chocolat, Milchmischgetränke
- Frischkäse: Frisch- und Schichtkäse, Quark, Ricotta, Mascarpone, Hüttenkäse
- gereifter Käse: Weichkäse und Schnittkäse
- Schmelz- und Streichkäse
- Butter und Crème fraîche

Ebenso sind industriell hergestellte Lebensmittel und Fertigprodukte vom Speiseplan zu streichen, die Milch und/oder Milchprodukte enthalten, zum Beispiel Milchschokolade, Kartoffelpüreepulver, Instantsuppen und -saucen, Tiefkühlpizzas, Ketchup und Eiscreme.

VORSICHT:

Laktose verbirgt sich oft auch dort, wo man sie nicht erwartet. So enthalten zum Beispiel viele Wurstwaren Milchzucker.

Im Joghurt verwandeln Bakterien die enthaltene Laktose zum Teil in Milchsäure, was dessen Laktosegehalt vermindert und die Verdauung erleichtert. Darum verursacht Joghurt weniger Unverträglichkeiten als Milch.

GUT ZU WISSEN:

Ziegen- und Schafmilch enthalten zwar Laktose, aber kein Milcheiweiß wie Kuhmilch. Produkte aus Ziegen- und Schafmilch sind somit gute Alternativen für Menschen, die unter einer Milcheiweißallergie leiden.

ALTERNATIVEN

Zum Glück gibt es viele Nahrungsmittel und Produkte als Ersatz für Milch und Milchprodukte, mit denen Sie köstliche Gerichte auch ohne Laktose zubereiten können.

Pflanzenmilch: Milch kann durch verschiedene Pflanzensäfte ersetzt werden, die in großen Supermärkten und Bioläden erhältlich sind. Normalerweise werden sie im Handel als »Milch« angeboten: Mandelmilch, Nussmilch, Sojamilch, Hafermilch, Dinkelmilch, Kokosmilch, Reismilch … Wählen Sie je nachdem, wofür Sie die Milch verwenden, eine passende Variante – mit Kalzium angereichert, Natur oder aromatisiert. Naturbelassen eignen sie sich für herzhafte und süße Zubereitungen, aromatisiert, wenn Sie sie trinken.

Sojajoghurt und Sojasahne: Mittlerweile sind Sojajoghurt und -sahne in verschiedenen Geschmacksrichtungen erhältlich – als Naturjoghurt, mit Kalzium oder Früchten sowie als Desserts mit unterschiedlichen Aromen wie Vanille, Schokolade oder Kaffee. Dennoch ist die Auswahl recht begrenzt. Daher lohnt es sich, köstliche Desserts auf der Grundlage von Mandel- oder Kokosmilch selbst zuzubereiten. Auch Sojajoghurt kann man ganz einfach selbst in einem Joghurtbereiter herstellen. Und mit anderen Pflanzenmilchsorten lassen sich Desserts oder Puddings zubereiten, die Sie zum Beispiel mit Agar-Agar andicken können.

Margarine 100 % pflanzlich: Als Brotaufstrich statt Butter eignet sich eine Margarine, die 100 % pflanzlich ist und die Sie ebenfalls in herzhaften und süßen Rezepten anstelle von Butter verwenden können, etwa für Brot, Kuchen oder Tartes.

Mus von Nüssen und Samen: Das ölhaltige Mus aus Mandeln, Sesamkörnern, Cashewkernen oder Haselnüssen ist köstlich als Brotaufstrich. Ebenso kann es in herzhaften oder süßen Zubereitungen, egal ob Brot, Kuchen, Quiche oder Tarte, anstelle von Butter und Sahne bzw. Sahne und Milch Verwendung finden. Auch Suppen oder Risottos lassen sich mit Nussmus verfeinern. Es verleiht Ihren Speisen zarten Schmelz und ein tolles Aroma, außerdem trägt es mit seinen hochwertigen Fettsäuren zu einer ausgewogenen Ernährung bei.

Pflanzliche Sahne: Sojasahne kann herkömmliche Sahne ersetzen, um Suppen sämig zu machen, Gratins zuzubereiten oder Saucen zu binden. Auch Kokossahne lässt sich sowohl in herzhaften als auch in süßen Speisen verwenden und verleiht ihnen einen ganz besonderen Geschmack, zum Beispiel in einer Blumenkohlcremesuppe oder in allen Desserts auf Kokosmilchbasis. Daneben gibt es auch Pflanzensahne aus Reis, Hafer oder Mandeln, die herkömmliche Sahne in Gemüsegratins und anderen herzhaften oder süßen Speisen ersetzen kann.

Seidentofu: Seidentofu ist mit seiner cremigen Konsistenz und Luftigkeit (und aufgrund seines neutralen Geschmacks) ideal, um Milch und Sahne (und sogar Eier!) in herzhaften oder süßen Speisen zu ersetzen, zum Beispiel in Gemüseaufläufen, Fruchtmilchshakes, Desserts oder Käsekuchen. Sie können ihn auch als Saucenbasis für Rohkost verwenden. Seidentofu ist ein 100 % pflanzliches Produkt, er enthält kein Cholesterin und nur wenig Kalorien – und ist somit hervorragend geeignet für alle, die auf ihre Linie achten.

Pflanzenöl: Butter lässt sich in Rezepten ohne Laktose bestens ersetzen – durch Olivenöl in herzhaften Tartes oder Quiches und durch Sonnenblumenöl in Kuchen und Keksen.
Sie können auch kalt gepresstes Kokosöl verwenden, das zum Beispiel Mürbeteig oder Plätzchen eine zart-schmelzende Konsistenz und zudem einen leichten Kokosgeschmack verleiht.

LAKTOSEFREIE MILCH – EINE ALTERNATIVE?

Laktosefreie Milch enthält zwischen 0,1 und 0,5 % Laktose im Vergleich zu 4–5 % in normaler Milch. Somit stellt sie eine gute Alternative dar für Menschen mit einer schwachen Laktose-Intoleranz. Sie hat normalerweise einen weniger stark ausgeprägten Eigengeschmack als normale Milch.

WARUM SELBST GEMACHT?

Zahlreiche industriell hergestellte Lebensmittel können Laktose enthalten, zum Beispiel Fertiggerichte, Hefe- und anderes Gebäck, Brotaufstriche, Dosen- oder Tütensuppen, Salatdressings, herkömmliche Margarine. Durch den Zusatz von Laktose soll eine cremigere Konsistenz erzielt oder die Haltbarkeit verlängert werden. Auch Molke wird manchmal in der Industrie verwendet, als Träger für Farbstoffe oder um den süßen Geschmack der Nahrungsmittel zu verstärken.

Wenn Sie selbst kochen, haben Sie die Kontrolle über die Zutaten, die Sie verwenden, und können selbst leckere und gesunde Gerichte zubereiten.

WERDEN SIE KREATIV!

Bereiten Sie selbst herzhafte Aufstriche aus Nüssen und Samen wie Cashew- oder Sonnenblumenkernen zu (siehe Rezept Seite 48). Sie können sie zum Aperitif, auf Toast oder als Dip reichen oder in anderen Gerichten wie Quiches oder Aufläufen verwenden.

Sie lieben sahnige Desserts? Dann nutzen Sie dafür einfach Mandel-, Soja- oder Kokosmilch! Sogar Konditorcreme für Füllungen oder Panna cotta lässt sich damit zubereiten. Das klappt nicht nur gut, sondern schmeckt auch köstlich.

Sie sind verrückt nach Schlagsahne? Schlagen Sie statt der Sahne einfach Kokossahne auf. Sie passt hervorragend zu frischen Erdbeeren und Fruchtsorbets.

DEN KALZIUMBEDARF DECKEN

Das in Milch enthaltene Kalzium ist ein wichtiges Mineral für den Körper: Es ist unverzichtbar für den Aufbau und Erhalt der Knochen und spielt eine Rolle bei der Muskelkontraktion, der Regulierung des Herzrhythmus sowie der Leitung von Nervenimpulsen. Milchprodukte sind aber nicht die einzige Kalziumquelle. Überdies werden nur 30–40 % des Kalziums in der Milch vom Organismus aufgenommen.

Gemüse, vor allem Blattgemüse wie Spinat und Kohl, aber auch Mandeln, Sardinen (wenn sie mit Gräten verzehrt werden), Tofu und andere Sojaprodukte und sogar einige Mineralwasser liefern Kalzium in durchaus relevanten Mengen, die ebenso gut oder manchmal sogar besser vom Körper aufgenommen werden.

GUT ZU WISSEN:

Vitamin D ist notwendig zur Kalziumaufnahme. Es wird unter Sonneneinwirkung in der Haut gebildet und ist, abgesehen von Milchprodukten, vor allem in fettem Fisch (zum Beispiel Lachs, Makrele oder Sardine) sowie in Eiern und Leber enthalten.

LESEN, WAS AUF DEM ETIKETT STEHT

Laut europäischen Vorschriften muss Laktose als Inhaltsstoff von Nahrungsmitteln deutlich auf der Verpackung angegeben werden. Wenn Sie unter einer starken Intoleranz leiden, studieren Sie die Zutatenliste eingehend im Hinblick auf folgende Begriffe: Laktose, Milchpulver, Magermilchpulver, Molke, Milchserum, Buttermilch, Sahne.

Reis
Soja
Dinkel
Hafer
Kokos
Mandeln

Mein Speiseplan – 100 % laktosefrei

	TAG 1	TAG 2
FRÜHSTÜCK	Grüner Tee mit Minze - **Haselnussmilchbrötchen mit Schokolade** - Frisch gepresster Orangensaft	**Heiße Schokolade** - Brot mit Mandelmus und Aprikosenkonfitüre - Kiwi
MITTAG	Karottensalat - Roastbeef - **Kartoffelgratin mit Reissahne** - **Sojamilchjoghurt**	**Thunfisch-Tofu-Rillettes mit Schnittlauch und Petersilie** - Kabeljau in der Folie gebacken - Basmatireis mit gebratenem Brokkoli - Bratapfel
ABENDBROT	**Lauchcremesuppe** - Weichgekochtes Ei - Sautierter Spinat mit Knoblauch - **Far breton (Bretonischer Kuchen mit Backpflaumen)**	**Zwiebelkuchen mit Mandeln** - Sprossensalat - Banane

Alles ohne Laktose – aber was nicht fehlt, ist Kalzium und schon gar nicht Geschmack! Probieren Sie gleich die köstlichen Rezepte in diesem Buch aus. Sie schmecken garantiert der ganzen Familie und eignen sich für die Alltagsküche ebenso wie für Gäste.

SELBST GEMACHT

GRUND-
REZEPTE

MANDELMILCH ODER HASELNUSSMILCH

LEICHT

Ergibt **1** l Mandel- oder Haselnussmilch
Zubereitungszeit: **15** Minuten
Ruhezeit: **12** Stunden
Budget: €

100 g Mandeln oder Haselnüsse • 1 großer EL Honig • 1 Prise Salz

Außerdem:
Sehr feines Sieb

1 Die Mandeln oder die Nüsse unter fließendem Wasser abspülen, dann über Nacht in 1 l Wasser einweichen.

2 Am nächsten Tag abtropfen lassen und zusammen mit 1 l Wasser in einen Standmixer geben. 5 Minuten mixen und anschließend durch ein sehr feines Sieb streichen.

3 Honig und Salz zugeben, in eine Flasche füllen und kalt stellen. Achtung: Selbst gemachte Mandel- oder Nussmilch hält sich weniger lang als gekaufte – maximal 2 Tage im Kühlschrank.

1
2
3

SOJAMILCH

MITTEL

Ergibt **1** l Sojamilch
Zubereitungszeit: **15** Minuten
Garzeit: **30** Minuten
Ruhezeit: **12–24** Stunden
Budget: €

200 g gelbe Sojabohnen

1 Am Vortag die Sojabohnen in Wasser für 12 bis 24 Stunden einweichen.

2 Die Sojabohnen abspülen und in einen Mixer geben, 500 ml Wasser zugeben und fein pürieren. Die Mischung in einen Topf geben und 1 l Wasser zufügen.

3 Zum Kochen bringen, dann die Hitze reduzieren und etwa 30 Minuten köcheln lassen, dabei regelmäßig umrühren.

4 Die Mischung durch ein Sieb streichen, die gefilterte »Milch« in eine saubere Glasflasche füllen und nach dem Abkühlen kalt stellen.

VARIATION:
Sie können eine Vanilleschote der Länge nach aufschneiden, das Mark herauskratzen und zur Mischung geben, sobald diese kocht. Diese aromatisierte Milch lässt sich prima für Cremespeisen, Puddings oder einen »Soja-Latte« verwenden.

SEIDENTOFU

MITTEL

Ergibt **400** g Seidentofu
Zubereitungszeit: **10** Minuten
Ruhezeit: **12** Stunden
Budget: €

1 l Sojamilch (siehe links) • 2 TL Nigari (in Japan als Gerinnungsmittel eingesetztes Bittersalz aus Meerwasser) oder 100 ml Zitronensaft

Außerdem:
Passiertuch

1 Die Sojamilch bei starker Hitze erwärmen, Nigari oder Zitronensaft zufügen.

2 5 Minuten ruhen lassen, damit die Milch »stockt«.

3 Durch ein Passiertuch abseihen und die Masse in eine Tupperdose geben. Vor der Verarbeitung eine Nacht ruhen lassen.

TIPP:
Seidentofu können Sie anstelle von Sahne in Quiches verwenden, Saucen damit binden oder als Brotaufstrich verzehren.

VEGANER KRÄUTER-FRISCHKÄSE

MITTEL

Ergibt etwa **200** g Käse
Zubereitungszeit: **15** Minuten
Ruhezeit: **12** Stunden
Budget: €

3 EL Sonnenblumenkerne • 100 g ungesalzene Cashewkerne • 1 EL Zitronensaft • 1 TL Knoblauchpulver • 1 EL Hefeflocken • 1 Bund Schnittlauch • ½ Bund glatte Petersilie • Salz und Pfeffer

1 Die Sonnenblumenkerne und die Cashewkerne waschen und über Nacht in einer Schale mit Wasser einweichen.

2 Sonnenblumenkerne und Cashewkerne abtropfen lassen und entweder in den Standmixer oder in ein hohes Gefäß geben. Den Zitronensaft zufügen und im Standmixer oder mit dem Stabmixer pürieren, bis eine cremige Masse entsteht. Falls nötig, etwas Wasser zugeben.

3 Mit Salz und Pfeffer würzen, Knoblauch und Hefeflocken zugeben und noch einmal mixen.

4 Die fein gehackten Kräuter zugeben. Mit frischem Brot servieren.

VARIATION:
Probieren Sie auch andere Kräuter und Gewürze wie Kreuzkümmel oder Curry aus oder bestreuen Sie die Creme mit Sesamkörnern.

MANDEL- ODER HASELNUSSMUS

LEICHT

Ergibt **200** g Mandel- oder Nussmus
Zubereitungszeit: **20** Minuten
Budget: €

200 g Mandeln oder Haselnüsse

Außerdem:
Leistungsstarker Mixer

1 Die Mandeln oder Haselnüsse in einen leistungsstarken Mixer geben.

2 Auf der höchsten Stufe sehr fein mixen. Das kann insgesamt 10–20 Minuten dauern, daher regelmäßig Pausen einlegen. Zwischendurch mehrmals das Mus mit einem Spatel von den Wänden des Mixers schaben und nach unten drücken.

3 Wenn die gewünschte Konsistenz erreicht ist, die Masse in ein Schraubgefäß füllen und möglichst dunkel und kühl aufbewahren. Das Mus ist mehrere Wochen haltbar.

SCHRITT FÜR SCHRITT

HAMBURGERBRÖTCHEN

LEICHT

Ergibt **6** Brötchen
Zubereitungszeit: **20** Minuten
Ruhezeit: **2** Stunden
Backzeit: **20** Minuten
Budget: €

500 g Mehl • 1 TL Salz • ½ EL Rohrzucker • 200 ml Sojamilch (siehe Seite 24) • 3 EL Margarine • 1 Päckchen Trockenhefe • 3 EL Zucker • Sesam- und Mohnsamen zum Bestreuen

1 Mehl, Salz, Rohrzucker, 100 ml lauwarmes Wasser, Sojamilch, Margarine und Trockenhefe in eine Schüssel geben.

2 In der Küchenmaschine oder von Hand 5–10 Minuten kneten, dann den Teig 1 Stunde an einem warmen Ort gehen lassen.

3 Wenn der Teig auf das doppelte Volumen aufgegangen ist, die Arbeitsfläche mit Mehl bestäuben. Den Teig zu sechs Kugeln formen, diese auf ein mit Backpapier ausgelegtes Backblech setzen, leicht flach drücken und noch einmal 30–60 Minuten gehen lassen.

4 Den Ofen auf 200 °C vorheizen. Den Zucker in 50 ml heißem Wasser auflösen. Die Brötchen mit dem Zuckerwasser bepinseln und mit Sesam- oder Mohnsamen bestreuen. Anschließend im Ofen 15–20 Minuten backen.

TOASTBROT

MITTEL

Ergibt **1** großes Toastbrot
Zubereitungszeit: **10** Minuten
Ruhezeit: **2** Stunden
Backzeit: **30** Minuten
Budget: €

200 ml Reismilch • 2 EL Kokosblütenzucker (oder anderer Zucker) • 50 g Margarine • 500 g Mehl • 2 TL Salz • 1 Päckchen Trockenhefe

Außerdem:
1 Kastenform (30 cm Länge)

1 Reismilch, 50 ml lauwarmes Wasser, Zucker, Margarine, Mehl, Salz und Trockenhefe in eine Schüssel geben. In der Küchenmaschine oder von Hand 10 Minuten kneten, dann den Teig etwa 1 Stunde ruhen lassen, bis er sein Volumen verdoppelt hat.

2 Den Teig auf der Arbeitsfläche durchkneten, zu vier Kugeln formen und diese nebeneinander in die Kastenform schichten.

3 Den Teig in der Form vor Zugluft geschützt noch einmal 30–45 Minuten gehen lassen.

4 Den Backofen auf 180 °C vorheizen und das Toastbrot 30 Minuten backen.

BLÄTTERTEIG

FÜR KÖNNER

Ergibt **1** Rezeptmenge Teig für **4** Personen
Zubereitungszeit: **30** Minuten
Ruhezeit: **7** Stunden
Budget: €

Für den Teig:
200 g Mehl • 150 g Margarine • 1 TL Salz

Für die Margarineplatte:
150 g kalte Margarine

1 Den Teig zubereiten: Das Mehl, die Margarine in Flöckchen, 80 ml Wasser und Salz in einer Rührschüssel kneten, bis eine homogene Masse entsteht, die sich zu einer Kugel formen lässt.

2 Mit einem Messer ein Kreuz in die Kugel ritzen. In Frischhaltefolie wickeln und 30 Minuten kalt stellen.

3 Den Teig aus dem Kühlschrank nehmen und zunächst mit den Handflächen flach drücken, dann mit einem Nudelholz ausrollen. Dabei den Teig in der Mitte etwas dicker lassen.

4 Für das Falten des Blätterteigs die kalte Margarine mit dem Nudelholz zwischen zwei Lagen Frischhaltefolie zu einem 10 × 12 cm großen Rechteck ausrollen. Die Margarineplatte auf die Mitte des Teigs legen und die Seiten darüberschlagen.

5 Den Teig umdrehen und gut mit Mehl bestäuben. Zu einem Rechteck ausrollen, das dreimal so lang wie breit sein sollte. Den Teig horizontal ausrichten und zuerst die rechte, dann die linke Seite einschlagen. 30 Minuten kalt stellen.

6 Den Teig gut mit Mehl bestäuben. Den Teig genauso wie vorher ausrichten und zu einem Rechteck ausrollen, das dreimal so lang wie breit sein sollte. Den Teig wiederum horizontal ausrichten und zuerst die rechte, dann die linke Seite einschlagen. 1 Stunde kalt stellen. Diesen Schritt noch 6-mal wiederholen.

MÜRBETEIG

LEICHT

Ergibt **1** Rezeptmenge Teig
für **4** Personen
Zubereitungszeit: **15** Minuten
Budget: €

300 g Mehl • ½ TL Salz • 150 g Margarine oder neutrales Pflanzenfett

1 Das Mehl mit dem Salz in einer Schüssel mischen.

2 Die in Stücke geschnittene Margarine zum Mehl geben und beides mit den Fingerspitzen zu einem krümeligen Teig verarbeiten. Nach und nach etwas kaltes Wasser zugeben, den Teig zu einer homogenen Masse kneten und eine Kugel daraus formen.

3 In Frischhaltefolie wickeln und bis zur Verarbeitung kalt stellen.

HERZHAFTE CRÊPES

LEICHT

Ergibt **10** große Crêpes
Zubereitungszeit: **40** Minuten
Ruhezeit: **1** Stunde
Budget: €

3 Eier • 250 g Mehl • 500 ml Sojamilch (siehe Seite 24) oder Reismilch • 2 EL Olivenöl • Muskatnuss • 1 Prise Salz • Pfeffer

1 Die Eier in einer Schüssel mit einem Schneebesen aufschlagen. Unter Rühren das Mehl zufügen, nach und nach die Soja- oder Reismilch unterrühren, das Olivenöl sowie Muskatnuss, Salz und Pfeffer dazugeben.

2 Die Schüssel mit einem Handtuch abdecken und den Teig 1 Stunde ruhen lassen. Eine flache Pfanne mit wenig Fett erhitzen.

3 Eine Kelle voll Teig in die Pfanne geben und 2 Minuten backen, die Crêpe wenden und 1 Minute von der anderen Seite backen. Ebenso mit dem Rest des Teigs verfahren.

SELBST GEMACHT

SNACKS & FINGERFOOD

LEICHT

Ergibt **18** Madeleines
Zubereitungszeit: **10** Minuten
Backzeit: **20** Minuten
Ruhezeit: **1** Stunde
Budget: €

MADELEINES MIT BACK-PFLAUMEN UND SCHINKEN

8 Scheiben Aoste-Schinken (oder anderer luftgetrockneter roher Schinken) • 8 entsteinte Backpflaumen • 120 g Mehl • ½ Päckchen Backpulver • 2 Eier • 60 g Margarine, zerlassen, oder Olivenöl • 1 EL Reismilch

Außerdem:
Madeleine- oder Mini-Muffinform

1. Den Schinken und die Backpflaumen in kleine Würfel schneiden.

2. Das Mehl mit dem Backpulver in einer Schüssel mischen. Eier, Margarine oder Öl und Reismilch zugeben. Alles gut vermengen.

3. Die Schinken- und Backpflaumenstückchen unterrühren und den Teig 1 Stunde kalt stellen.

4. Den Backofen auf 180 °C vorheizen. Den Teig gleichmäßig in die kleinen Vertiefungen der Madeleine- oder Muffinform füllen und 20 Minuten backen.

5. Die Madeleines (oder Mini-Muffins) aus der Form lösen und warm oder abgekühlt servieren.

TIPP:
In einer luftdicht verschlossenen Dose sind die Madeleines mehrere Tage haltbar.

LEICHT

Ergibt etwa **250** g
Zubereitungszeit: **10** Minuten
Budget: €

ROHKOSTDIP

1 Bund glatte Petersilie • 1 Bund Schnittlauch • 6 Blättchen Basilikum • 200 g Seidentofu (siehe Seite 25) • 1 TL Knoblauchpulver • ½ TL Salz • 1 Schalotte

1. Die frischen Kräuter waschen und trocknen. Seidentofu, Kräuter, Knoblauchpulver und Salz in den Mixer oder die Rührschüssel der Küchenmaschine geben.

2. Alles so lange mixen, bis eine homogene Masse entsteht.

3. Die Schalotte schälen, fein hacken und unterrühren. Den Dip zusammen mit rohen Gemüsesticks servieren, z. B. Karotten, Fenchel, Chicoréeblätter, Gurke, Staudensellerie oder Blumenkohlröschen.

LEICHT

Ergibt etwa **270** g
Zubereitungszeit: **5** Minuten
Budget: €

THUNFISCH-RILLETTES MIT SCHNITTLAUCH

200 g Thunfisch im eigenen Saft (Dose) • 3 EL Seidentofu (siehe Seite 25) • ½ TL Paprikapulver • 1 Schalotte • 1 Bund Schnittlauch • Salz und Pfeffer

1. Alle Zutaten in die Schüssel des Mixers geben. Stoßweise mixen – es darf kein »Brei« entstehen. Mit Salz und Pfeffer würzen.

2. Gut gekühlt mit frischem Brot servieren.

VARIATION:
Sie können auch schwarze oder grüne Oliven oder Petersilie zufügen.

LEICHT

Für **4** Personen
Zubereitungszeit: **20** Minuten
Budget: €

AVOCADO-ROTE-BETE-CREME IM GLAS

2 Avocados • 1 ganz frische kleine Zwiebel • 4 Stängel Koriandergrün • 1 EL Olivenöl • 1 EL Limettensaft • 250 g Rote Bete, weich gekocht • 2 EL Sojasahne • 1 EL gehackter Schnittlauch • Salz und Pfeffer

1. Die Avocados halbieren, die Steine entfernen und das Fruchtfleisch mit dem Löffel aus der Schale lösen. Die Zwiebel schälen. Avocado, Zwiebel und Koriandergrün in den Mixer geben.

2. Einmal kurz mixen, dann Olivenöl und Limettensaft zugeben. Mit Salz und Pfeffer würzen. Noch einmal mixen. Die Avocadocreme auf vier Gläser verteilen und kalt stellen.

3. Die Rote Bete, Sojasahne und Schnittlauch in den Mixer geben. Alles zu einer glatten Masse verarbeiten. Als zweite Schicht auf der Avocadocreme in den Gläsern verteilen. Bis zum Servieren kalt stellen.

LEICHT

Für **6** Personen
Zubereitungszeit: **25** Minuten
Backzeit: **45** Minuten
Budget: €

MÖHRENBROWNIES

500 g Möhren • 3 Eier • 1 EL Agavensirup • 100 g Margarine, zerlassen • 2½ EL Olivenöl • 150 g Mehl • 50 g Haferflocken • 1 TL Backpulver • 1 Zwiebel • 3 Basilikumblätter • Salz und Pfeffer

Außerdem:
1 eckige ofenfeste Form (22 × 22 cm)

1. Die Möhren schälen, putzen und in dünne Scheiben schneiden. In einen Topf mit Dämpfeinsatz etwas Wasser geben und die Möhren bei schwacher Hitze 20 Minuten im Dampf garen oder in wenig Wasser weich dünsten. Den Backofen auf 180 °C vorheizen.

2. Die Möhren mit dem Pürierstab oder im Mixer pürieren. Die Eier, den Agavensirup, die zerlassene Margarine und das Olivenöl dazugeben. Alles mit dem Handrührgerät gut vermengen. Das Mehl, die Haferflocken und das Backpulver zufügen und alles zu einer glatten Masse ohne Klümpchen verarbeiten.

3. Die Zwiebel schälen und fein hacken. Das Basilikum klein schneiden. Beides zur Möhrenmasse geben. Salzen, pfeffern und die Masse noch einmal glatt rühren.

4. Den Teig in die ofenfeste Form füllen und im Ofen 45 Minuten backen. Aus der Form nehmen, abkühlen lassen und in kleine Stücke geschnitten servieren.

LEICHT

Für **6** Personen
Zubereitungszeit: **20** Minuten
Backzeit: **20** Minuten
Budget: €

FOCACCIA MIT PESTO

330 g Basilikumblätter • 3 Knoblauchzehen • 3 EL Pinienkerne • 1 EL Semmelbrösel • 8 EL Olivenöl • 300 g Pizzateig (siehe Seite 64)

1. Den Backofen auf 200 °C vorheizen. Das Basilikum waschen und trocknen, den Knoblauch schälen.

2. Basilikum, Pinienkerne, Semmelbrösel und Olivenöl in den Mixer geben. Die zerdrückten Knoblauchzehen dazugeben. Alles zu einer glatten Masse verarbeiten.

3. Den Teig auf der Arbeitsfläche rechteckig ausbreiten, das Pesto auf die eine Hälfte geben. Die andere Hälfte darüberklappen und die Ränder festdrücken. Das Fladenbrot auf ein mit Backpapier belegtes Backblech legen und im Ofen 20 Minuten backen. Lauwarm oder kalt servieren.

LEICHT

Ergibt etwa **230** g
Zubereitungszeit: **5** Minuten
Budget: €

ARTISCHOCKENCREME

1 Glas oder Dose Artischockenböden (etwa 200 g Abtropfgewicht) • 2 EL Limettensaft • 1 gehäufter EL Mandelmus (siehe Seite 27) • 2 EL Olivenöl

1. Die Artischockenböden abtropfen lassen und in den Mixer geben.

2. Limettensaft, Mandelmus und Olivenöl hinzufügen. Alles zu einer glatten Masse verarbeiten. Mit Salz und Pfeffer würzen. Die Creme in eine Schale füllen und kalt stellen.

VARIATION:
Sie können das Mandelmus durch Mus aus schwarzem oder weißem Sesam oder aus Cashewkernen ersetzen.

SELBST GEMACHT

HAUPT-GERICHTE

LEICHT

Für **6** Personen
Zubereitungszeit: **30** Minuten
Gar-/Backzeit: **70** Minuten
Budget: €

KLASSISCHE LASAGNE

1 große Zwiebel • 3–4 Möhren • Olivenöl • 600 g Hackfleisch • 1 Zweig Thymian • 2 Lorbeerblätter • 200 ml Rotwein • 400 g passierte Tomaten • 1 Würfel Gemüsebrühe • 40 g Butter • 40 g Mehl • 400 ml Reismilch • 500 g Lasagneblätter • Hefeflocken • Salz und Pfeffer

Außerdem:
1 Auflaufform (20 × 26 cm)

1. Die Zwiebel schälen und fein hacken. Die Möhren schälen und in kleine Würfel hacken. Die Zwiebel in etwas Olivenöl in einem Schmortopf anschwitzen. Möhren, Hackfleisch, Thymian und Lorbeerblätter hinzufügen und alles 5 Minuten anbraten.

2. Mit dem Rotwein ablöschen und kurz einköcheln lassen. Die passierten Tomaten, den Brühwürfel und 300 ml Wasser dazugeben. Salzen, pfeffern und 30 Minuten köcheln lassen.

3. Die Béchamelsauce zubereiten: Die Butter in einem Topf zerlassen, das Mehl dazugeben und gut unterrühren. Nach und nach die Reismilch zugeben und köcheln lassen, bis die Sauce andickt. Mit Salz und Pfeffer abschmecken und beiseitestellen.

4. Den Backofen auf 180 °C vorheizen. In die Auflaufform etwas Hackfleischsauce geben. Die Form mit Lasagneblättern auslegen, eine Schicht Hackfleischsauce und anschließend eine Schicht Béchamelsauce darauf geben. In dieser Reihenfolge fortfahren, bis alle Zutaten verbraucht sind. Mit Béchamelsauce abschließen.

5. Die Hefeflocken darüberstreuen und die Lasagne im Ofen 30 Minuten backen. Heiß mit frischem Blattsalat servieren.

VARIATION:
Wenn Sie eine vegetarische Lasagne zubereiten möchten, ersetzen Sie das Hackfleisch durch Sojaschnetzel (im Bioladen erhältlich).

LEICHT

Für **4** Personen
Zubereitungszeit: **15** Minuten
Gar-/Backzeit: **75** Minuten
Budget: €

QUICHE MIT RATATOUILLE

1 Zwiebel • Olivenöl • 1 Zucchini • 1 Aubergine • 400 g passierte Tomaten • 150 g gegrillte Paprika in Öl (Konserve) • 1 Rezeptmenge Mürbeteig (siehe Seite 32) • 1 EL Dijon-Senf • 3 Eier • 150 g Sojasahne • 200 ml Sojamilch (siehe Seite 24) • Salz und Pfeffer

Außerdem:
4 hohe eckige ofenfeste Formen oder 1 Springform (30 cm Durchmesser)

1. Das Ratatouille zubereiten: Die Zwiebel schälen, fein hacken und in etwas Olivenöl anschwitzen. Die Zucchini und die Aubergine waschen, klein schneiden und zur Zwiebel geben. Das Gemüse 5 Minuten anbraten. Die passierten Tomaten und die eingelegten Paprikastreifen zugeben. Das Ratatouille 30 Minuten köcheln lassen.

2. Den Backofen auf 180 °C vorheizen. Den Mürbeteig ausrollen und die eckigen Formen bzw. die Springform damit auskleiden, den Teig mit dem Senf bestreichen und das Ratatouille darauf verteilen.

3. Die Eier in eine Schüssel geben und verquirlen. Sojasahne und Sojamilch zufügen. Mit Salz und Pfeffer würzen. Die Eier-Sahne-Mischung auf die Quiche geben und im Ofen 45 Minuten backen.

TIPP:
Servieren Sie die Quiche lauwarm oder kalt mit einem Tomatensalat.

LEICHT

Für **6** Personen
Zubereitungszeit: **15** Minuten
Gar-/Backzeit: **30** Minuten
Budget: €

GEFÜLLTE SPINATCRÊPES

2 Zwiebeln • 300 g Champignons • Olivenöl • 1 kg gehackter Spinat (TK) • 400 g Sojasahne • 8 herzhafte Crêpes (siehe Seite 33) • 2 EL Hefeflocken • Salz und Pfeffer

1. Den Backofen auf 180 °C vorheizen. Die Zwiebeln schälen und fein hacken. Die Champignons putzen und in Scheiben schneiden.

2. Die Zwiebeln in etwas Olivenöl goldgelb anschwitzen, bis sie glasig sind. Dann die Champignons und den Spinat dazugeben. Bei mittlerer Hitze 15 Minuten köcheln lassen. Mit Salz und Pfeffer würzen.

3. 300 g Sojasahne zugeben, ein paar Minuten einkochen lassen und vom Herd nehmen.

4. Die Spinat-Champignon-Mischung auf die Crêpes verteilen. Die Crêpes zusammenrollen und in eine Auflaufform legen. Die restliche Sojasahne darübergießen und die Hefeflocken darüberstreuen. Die Crêpes im Ofen 10 Minuten backen.

LEICHT

Ergibt **1** Kastenkuchen
Zubereitungszeit: **20** Minuten
Backzeit: **45** Minuten
Budget: €

HERZHAFTER KUCHEN MIT GETROCKNETEN TOMATEN UND PAPRIKA

3 Eier • 200 ml Sojamilch (siehe Seite 24) • 100 ml Olivenöl • 50 ml Weißwein • 180 g Dinkelmehl • 1 Päckchen Backpulver • 1 Zweig Rosmarin • 1 Zweig Thymian • ½ Glas gegrillte Paprika in Öl (etwa 200 g) • ½ Glas getrocknete Tomaten in Öl (etwa 150 g) • 4 EL Pinienkerne • Salz und Pfeffer

Außerdem:
1 Kastenform (30 cm Länge)

1. Den Backofen auf 180 °C vorheizen. Die Eier mit der Sojamilch, dem Öl und dem Wein in einer großen Schüssel verquirlen. In einer zweiten Schüssel Mehl, Backpulver, Salz und Pfeffer mischen. Die Rosmarinnadeln fein hacken, Thymianblättchen vom Zweig streifen. Eingelegte Paprikaschote und getrocknete Tomaten klein schneiden.

2. Die Mehlmischung nach und nach zur Eiermischung geben und mit einem Schneebesen so lange schlagen, bis ein glatter Teig ohne Klümpchen entsteht. Die Kräuter sowie Paprikaschote und Tomaten dazugeben. Alles gut vermengen.

3. Den Teig in die Kastenform geben, die Pinienkerne darüberstreuen und im Ofen 45 Minuten backen. Den Kuchen zum Aperitif oder mit einem gemischten Salat als Hauptgericht servieren.

LEICHT

Ergibt **1** Kastenkuchen
Zubereitungszeit: **20** Minuten
Backzeit: **40** Minuten
Budget: €

SPINATKUCHEN MIT SONNENBLUMENKERNEN

2 Eier • 200 g Mehl • 1 Päckchen Backpulver • 100 ml Sojamilch (siehe Seite 24) • 50 ml Weißwein • 50 ml Olivenöl • 1 Zwiebel • 150 g frischer Spinat • 4 EL Sonnenblumenkerne • Salz und Pfeffer

Außerdem:
1 Kastenform (30 cm Länge)

1. Den Backofen auf 180 °C vorheizen. Die Eier in einer großen Schüssel verquirlen. Das Mehl und das Backpulver zufügen. Abwechselnd nach und nach unter Rühren die Sojamilch, den Weißwein und das Olivenöl zugießen und alles zu einer glatten Masse rühren.

2. Die Zwiebel schälen und fein hacken. Den Spinat waschen und hacken. Zwiebel, Spinat und Sonnenblumenkerne zum Teig geben. Alles gründlich vermengen. Mit Salz und Pfeffer würzen.

3. Den Teig in die Kastenform füllen und im Ofen 40 Minuten backen. Lauwarm abkühlen lassen, aus der Form nehmen und auf einem Kuchengitter auskühlen lassen.

TIPP:
Zu diesem Spinatkuchen, der am besten kalt gegessen wird, passt ein Salat aus geriebenen Möhren.

LEICHT

Für **4** Personen
Zubereitungszeit: **15** Minuten
Backzeit: **45** Minuten
Budget: €

KIRSCHTOMATENAUFLAUF

4 Eier • 200 g Reissahne • 300 ml Hafermilch • 6 Basilikumblätter • 250 g Kirschtomaten • Salz und Pfeffer

1. Den Backofen auf 180 °C vorheizen. Die Eier mit der Reissahne und der Hafermilch in einer Schüssel verquirlen. Mit Salz und Pfeffer würzen.

2. Die Basilikumblätter waschen und trocken tupfen, sehr fein hacken und unter die Masse rühren.

3. Die gewaschenen und getrockneten Kirschtomaten in einer Auflaufform verteilen, dann die Eiermasse darübergießen und im Ofen 45 Minuten backen.

4. Lauwarm mit einem Rote-Bete-Salat servieren.

LEICHT

Ergibt **1** Blech Pizza
Zubereitungszeit: **20** Minuten
Ruhezeit: **75** Minuten
Backzeit: **20** Minuten
Budget: €

PIZZA BOLOGNESE

Für den Teig:
4 EL Olivenöl • 1 TL Salz • 400 g Mehl • 1 Päckchen Trockenhefe

Für den Belag:
1 Zwiebel • 1 Möhre • 200 g passierte Tomaten • 200 g Hackfleisch • 1 EL Hefeflocken

Den Pizzateig zubereiten: 200 ml lauwarmes Wasser, Öl und Salz in eine Schüssel geben. 200 g Mehl untermischen, dann die Trockenhefe und das restliche Mehl hinzufügen. In der Küchenmaschine oder von Hand 3 Minuten kneten. Den Teig 30 Minuten ruhen lassen und erneut 3 Minuten kneten. 45 Minuten ruhen lassen.

Inzwischen die Zwiebel schälen und fein hacken. Die Möhre schälen und raspeln. Den Backofen auf 200 °C vorheizen. Den Pizzateig eckig ausrollen und auf ein mit Backpapier ausgelegtes Backblech heben. Mit den passierten Tomaten bestreichen, die Zwiebel und das Hackfleisch darauf verteilen. Dann die Möhrenraspel darübergeben und zum Schluss mit den Hefeflocken bestreuen. Die Pizza im Ofen 20 Minuten backen.

TIPP:
Sie können die Pizza auch mit aromatischen Kräutern wie Basilikum, Thymian, Rosmarin oder Oregano bestreuen.

MITTEL

Ergibt **1** Blech Pizza
Zubereitungszeit: **45** Minuten
Backzeit: **45** Minuten
Budget: €

PIZZA MIT GEGRILLTEM GEMÜSE

1 Zucchini • 1 Aubergine • 1 Paprikaschote • Olivenöl • 1 Rezeptmenge Pizzateig (siehe Seite 64) • 5 EL passierte Tomaten • 1 Tomate • 1 rote Zwiebel • 3 EL schwarze Oliven • Kräuter der Provence

1. Den Backofen auf 200 °C vorheizen. Die Zucchini und die Aubergine waschen, den Stielansatz entfernen und der Länge nach in dünne Scheiben schneiden. Die Paprikaschote waschen, Stielsansatz und Samen entfernen und in Streifen schneiden.

2. Das Gemüse auf einem mit Backpapier ausgelegten Backblech verteilen und mit Olivenöl beträufeln. 20–30 Minuten im vorgeheizten Ofen rösten, dabei regelmäßig wenden.

3. Inzwischen die Tomate in Scheiben schneiden und die Zwiebel fein hacken. Den Pizzateig rund oder eckig ausrollen und auf ein mit Backpapier ausgelegtes Backblech heben. Mit den passierten Tomaten bestreichen und mit Tomatenscheiben und Zwiebel belegen. Das Grillgemüse auf der Pizza verteilen, mit Oliven garnieren und mit Kräutern der Provence bestreuen. Die Pizza im Ofen 20 Minuten backen.

VARIATION:
Anstelle der passierten Tomaten können Sie auch Pesto verwenden.

LEICHT

Ergibt **1** Blech Pizza
Zubereitungszeit: **20** Minuten
Backzeit: **20** Minuten
Budget: €

ARTISCHOCKENPIZZA

1 Rezeptmenge Pizzateig (siehe S. 64) • 200 g passierte Tomaten • 4 Basilikumblätter • 1 rote Zwiebel • 1 Dose Mais (230 g) • 1 Glas oder Dose Artischockenherzen (etwa 200 g Abtropfgewicht) • 4 EL Sojasahne • Salz und Pfeffer

1. Den Backofen auf 220 °C vorheizen. Den Pizzateig ausrollen und auf ein mit Backpapier ausgelegtes Backblech heben, mit den passierten Tomaten bestreichen und die in Streifen geschnittenen Basilikumblätter darauf verteilen.

2. Die Zwiebel schälen, fein hacken und ebenfalls auf die Pizza geben.

3. Den Mais und die Artischockenherzen abtropfen lassen. Die Artischockenböden etwas zerkleinern und mit dem Mais auf der Pizza verteilen.

4. Mit Salz und Pfeffer würzen und mit der Sojasahne beträufeln. Die Pizza im Ofen 20 Minuten backen.

LEICHT

Ergibt **1** Blech Flammkuchen
Zubereitungszeit: **20** Minuten
Backzeit: **15** Minuten
Budget: €

FLAMMKUCHEN

250 g Pizzateig (siehe Seite 64) oder Brotteig • 150 g Natur-Sojajoghurt • 5 EL Sojasahne • 2 Zwiebeln • 150 g geräucherter durchwachsener Speck oder Räuchertofu

1. Den Backofen auf 200 °C vorheizen. Den Teig dünn ausrollen und auf ein mit Backpapier ausgelegtes Backblech heben.

2. Sojajoghurt und -sahne verrühren und dick auf den Teig streichen.

3. Die Zwiebeln schälen und in sehr feine Ringe schneiden. Den Speck oder Räuchertofu in Würfel scheiden. Zwiebeln und Speck bzw. Tofu auf dem Teig verteilen.

4. Den Flammkuchen im Ofen 15 Minuten backen und heiß servieren. Dazu einen Salat reichen.

LEICHT

Für **4** Personen
Zubereitungszeit: **30** Minuten
Garzeit: **90** Minuten
Budget: €€

KALBSRAGOUT MIT GEMÜSE

500 g Kalbfleisch aus der Schulter oder Keule • 2 Zwiebeln • 1 Pastinake • 2 Knollen Topinambur • 1 Goldballrübchen • 2 Stangen Lauch • 4 Möhren • 2 EL Olivenöl • 100 ml Weißwein • 250 ml Hühnerbrühe • 40 g Margarine • 4 gestrichene EL Mehl • 200 g Sojasahne • 1 Eigelb, verquirlt

1. Das Kalbfleisch in 2–3 cm große Würfel schneiden. Die Zwiebeln schälen und fein hacken. Das Gemüse putzen, gegebenenfalls schälen und klein schneiden.

2. Das Öl in einem Topf erhitzen und darin das Kalbfleisch und die Zwiebeln anbraten, bis sie etwas gebräunt sind. Dann das Gemüse hinzufügen. Den Wein und 600 ml Wasser angießen, die Hühnerbrühe zugeben und das Ragout 1 Stunde sanft schmoren.

3. Eine Mehlschwitze zubereiten: Die Margarine in einem Topf zerlassen, das Mehl einstäuben, gut verrühren und den Topf vom Herd nehmen.

4. Sobald das Kalbfleisch gar ist, Fleisch und Gemüse aus dem Topf nehmen und beiseitestellen. Die Garflüssigkeit nach und nach zur Mehlschwitze geben und die Sauce bei schwacher Hitze langsam eindicken lassen.

5. Fleisch und Gemüse zugeben und das Ragout mit Sojasahne und Eigelb binden. 5–10 Minuten sanft erhitzen, aber nicht mehr kochen. Das Kalbsragout mit Basmatireis oder frischem Brot servieren.

LEICHT

Für **4** Personen
Zubereitungszeit: **20** Minuten
Garzeit: **20** Minuten
Budget: €

HÄHNCHENGESCHNETZELTES MIT ANANAS UND KOKOSMILCH

500 g Hähnchenbrustfilet • 1 rote Zwiebel • Olivenöl • 1 kleine Dose Ananas in Scheiben (etwa 150 g) • 200 ml Kokosmilch • ½ TL Currypulver • Salz und Pfeffer

1. Die Hähnchenbrustfilets in kleine Würfel oder Streifen schneiden. Die Zwiebel schälen und fein hacken.

2. Das Olivenöl in einer Pfanne erhitzen und die Zwiebel darin goldgelb anschwitzen. Das Hähnchenfleisch zufügen und von allen Seiten bräunen. Mit Salz und Pfeffer würzen.

3. Die Ananasscheiben in Stücke schneiden. Kokosmilch, Currypulver und Ananas zugeben. 10–15 Minuten köcheln lassen, bis sich die Sauce etwas reduziert hat. Heiß mit Reis servieren.

MITTEL

Für **2** Personen
Zubereitungszeit: **30** Minuten
Garzeit: **15** Minuten
Budget: €

HAMBURGER MIT RÖSTI UND VEGANEM KÄSE

2 mittelgroße Kartoffeln • Olivenöl • 2 Eier • 2 Hamburgerbrötchen (siehe Seite 28) • 4 EL veganer Frischkäse (siehe Seite 26) • Ketchup • 1 Handvoll Rucola • 2 große Tomatenscheiben

1. Die Kartoffeln schälen und in der Küchenmaschine oder per Hand reiben. Zwei feste Taler daraus formen. Etwas Olivenöl in einer Pfanne erhitzen und die Röstitaler hineingeben.

2. Die Röstitaler bei starker Hitze 5 Minuten anbraten, dann wenden und noch einmal 3–4 Minuten braten. Auf Küchenpapier abtropfen lassen und beiseitestellen. Die Eier in dieselbe Pfanne aufschlagen und braten.

3. Die Hamburgerbrötchen aufschneiden und die eine Hälfte mit dem veganen Frischkäse bestreichen, die andere Hälfte mit Ketchup. Die untere Hälfte jeweils mit ein paar Rucolablättern, 1 Tomatenscheibe, 1 Röstitaler und 1 Spiegelei belegen, die obere Hälfte darauflegen und sofort servieren.

LEICHT

Für **4** Personen
Zubereitungszeit: **30** Minuten
Gar-/Backzeit: **30** Minuten
Budget: €€

BUTTERNUSSKÜRBISGRATIN MIT KASTANIEN

1 Butternusskürbis (1 kg) • 200 g Esskastanien (geschält und vorgegart, aus der Dose oder vakuumverpackt) • 2 Schalotten • Olivenöl • 60 g Morcheln • 2 gehäufte EL Margarine • 40 g Mehl • ½ l Sojamilch (siehe Seite 24; oder andere Pflanzenmilch) • Muskatnuss • 2 gehäufte EL Semmelbrösel • Salz und Pfeffer

1. Den Butternusskürbis schälen, in Würfel schneiden und etwa 15 Minuten in Wasser kochen oder dämpfen. 2 Minuten vor Ende der Garzeit die Esskastanien hinzufügen. Kürbis und ggf. Kastanien abtropfen lassen und beiseitestellen.

2. Die Schalotten schälen, fein hacken und in einer Pfanne mit etwas Olivenöl anschwitzen, dann die Morcheln zugeben. Beides 10 Minuten bei mittlerer Hitze braten, dabei regelmäßig durchschwenken.

3. Den Backofen auf 180 °C vorheizen. Inzwischen die Béchamelsauce zubereiten: Die Margarine in einem Topf zerlassen, dann das Mehl einrühren. Nach und nach die Sojamilch zugeben und bei mittlerer Hitze unter kräftigem Rühren eindicken lassen. Mit etwas Salz, Pfeffer und geriebener Muskatnuss nach Geschmack würzen.

4. Kürbiswürfel, Kastanien und die Morchel-Schalotten-Mischung in eine Auflaufform geben, die Béchamelsauce darübergießen und mit Semmelbröseln bestreuen. Im Ofen 10 Minuten backen, bis das Gratin goldbraun ist.

VARIATIONEN:
Sie können auch andere Kürbissorten wie Hokkaido oder Patidou (Sweet Dumpling) verwenden oder auch die Morcheln durch Steinpilze ersetzen. Außerdem können Sie die Semmelbrösel mit gehackten Haselnüssen mischen.

LEICHT

Für **4** Personen
Zubereitungszeit: **20** Minuten
Backzeit: **45** Minuten
Budget: €

KARTOFFELGRATIN MIT REISSAHNE

800 g Kartoffeln • Pflanzenöl • 1 Knoblauchzehe • 200 g Reissahne • 100 ml Sojamilch (siehe Seite 24) • Muskatnuss • Salz und Pfeffer

1. Den Backofen auf 180 °C vorheizen. Die Kartoffeln schälen, waschen und mithilfe eines Gemüsehobels in sehr dünne Scheiben schneiden.

2. Eine Auflaufform mit Öl ausstreichen und mit der Knoblauchzehe einreiben. Die Kartoffelscheiben in die Form schichten.

3. Die Reissahne und die Sojamilch vermischen und über die Kartoffelscheiben gießen. Mit Salz und Pfeffer und 1 Prise Muskatnuss würzen.

4. Das Gratin im Ofen 45 Minuten garen. Heiß servieren, z. B. als Beilage zu einem Kalbsragout (siehe Seite 72).

TIPP:
Wenn das Gratin zu schnell braun wird, decken Sie es mit einem Stück Aluminiumfolie oder Backpapier ab.

LEICHT

Für **4** Personen
Zubereitungszeit: **20** Minuten
Garzeit: **35** Minuten
Budget: €

LAUCHCREMESUPPE

2 dicke Stangen Lauch • 4 mittelgroße Kartoffeln • 1 Zwiebel • 2 EL Olivenöl • 250 ml Gemüsebrühe • 4 EL Sojasahne • Salz und Pfeffer

1. Den Lauch putzen, die Kartoffeln schälen. Beides klein schneiden. Die Zwiebel schälen und fein hacken.

2. Das Olivenöl in einem Topf erhitzen. Die Zwiebel hineingeben und einige Minuten anschwitzen. Lauch und Kartoffeln dazugeben. 1 l Wasser und die Gemüsebrühe zufügen. Das Gemüse 30 Minuten bei mittlerer Hitze köcheln lassen.

3. Die Suppe mit einem Stabmixer pürieren und nach Geschmack mit Salz und Pfeffer würzen. In Schälchen mit je 1 EL Sojasahne servieren.

MITTEL

Für **6** Personen
Zubereitungszeit: **40** Minuten
Gar-/Backzeit: **80** Minuten
Budget: €

KARTOFFEL-HACKFLEISCH-AUFLAUF MIT KASTANIEN-CRUMBLE

2 Zwiebeln • 1 Möhre • Pflanzenöl • 400 g gemischtes Hackfleisch • 500 g passierte Tomaten • 1 TL Instant-Gemüsebrühe • 1 kg mehligkochende Kartoffeln • 50 g Margarine • 200 ml Sojamilch (siehe Seite 24) • Muskatnuss • 100 g Esskastanien (geschält und vorgegart, aus der Dose oder vakuumverpackt) • 4 gehäufte EL Semmelbrösel • Salz und Pfeffer

1. Die Zwiebeln schälen und fein hacken. Die Möhre putzen, schälen und in kleine Würfel schneiden. Etwas Öl in einer Pfanne erhitzen, Zwiebel und Möhre darin anbraten.

2. Das Hackfleisch dazugeben und kurz mitbräunen lassen. Die passierten Tomaten, die Instantbrühe und etwa 200 ml Wasser hinzufügen. 30–45 Minuten köcheln lassen.

3. Die Kartoffeln schälen und grob in Stücke schneiden. Wasser in einem großen Topf zum Kochen bringen und die Kartoffeln je nach Größe der Stücke 12–18 Minuten garen.

4. Den Backofen auf 200 °C vorheizen. Kartoffeln durch die Kartoffelpresse drücken oder mit dem Kartoffelstampfer zerstampfen. Die Margarine und die Sojamilch zugeben. Mit Salz und Pfeffer und 2 Prisen Muskatnuss würzen.

5. Die Esskastanien klein hacken. Zuerst die Tomaten-Hackfleisch-Sauce, dann das Kartoffelpüree in eine Auflaufform geben. Mit Semmelbröseln und gehackten Kastanien bestreuen. Den Auflauf im Ofen 20 Minuten backen und heiß mit einem Chicoréesalat servieren.

LEICHT

Ergibt **1** Tarte
Zubereitungszeit: **20** Minuten
Gar- und Backzeit: **1** Stunde
Budget: €

TARTE MIT KARAMELLISIERTEN ZWIEBELN

1 Rezeptmenge Mürbeteig (siehe Seite 32) • 800 g Zwiebeln • Olivenöl • 1 EL Vollrohrzucker oder weißer Zucker • 4 Eier • 200 g Mandelsahne • Muskatnuss • Salz und Pfeffer

Außerdem:
1 Tarte- oder Springform (30 cm Durchmesser)

1. Den Backofen auf 180 °C vorheizen. Den Teig ausrollen, die Tarteform damit auslegen und kalt stellen.

2. Die Zwiebeln schälen und in dünne Ringe schneiden. Etwas Olivenöl in einer Pfanne erhitzen und die Zwiebeln darin bei mittlerer Hitze anschwitzen. Wenn die Zwiebeln glasig sind, den Zucker einrühren und 5 Minuten karamellisieren lassen.

3. Die Eier in eine Schüssel aufschlagen und kräftig mit der Mandelsahne verquirlen. Mit Salz, Pfeffer und etwas geriebener Muskatnuss würzen.

4. Die karamellisierten Zwiebeln auf dem Teig in der Form verteilen. Die Eier-Sahne-Mischung darübergießen. Die Tarte im Ofen 45 Minuten backen.

TIPP:
Sie können diese Tarte heiß oder lauwarm servieren. Dazu passt ein Chicoréesalat mit Walnüssen oder Haselnüssen.

LEICHT

Für **2** Personen
Zubereitungszeit: **25** Minuten
Gar-/Backzeit: **1** Stunde
Budget: €

ÜBERBACKENER CHICORÉE MIT SCHINKEN

4 Stauden Chicorée • 3 EL neutrales Öl • 4 EL Mehl • 350 ml Reismilch • 4 Scheiben gekochter Schinken • 4 EL Semmelbrösel

1. Die Chicoréestauden mit feuchtem Küchenpapier abreiben. In einen Topf mit Dämpfeinsatz etwas Wasser geben und die Chicoréestauden bei mittlerer Hitze je nach Größe 20–30 Minuten dämpfen.

2. Die Béchamelsauce zubereiten: Das Öl in einem Topf bei mittlerer Hitze erwärmen, dann vom Herd nehmen und das Mehl mit einem Holzlöffel einrühren. Unter Rühren nach und nach die Reismilch zugeben. Den Topf wieder auf den Herd stellen und die Sauce so lange köcheln lassen, bis sie eindickt. Beiseitestellen. Den Backofen auf 200 °C vorheizen.

3. Jede Chicoréestaude in 1 Scheibe Schinken wickeln und in eine Auflaufform legen. Die Béchamelsauce darübergießen und mit den Semmelbröseln bestreuen. Den Chicorée im Ofen 15 Minuten überbacken. Heiß zu einem mit Haselnussöl angemachten Feldsalat servieren.

MITTEL

Für **4** Personen
Vorbereitungszeit: **20** Minuten
Garzeit: **30** Minuten
Budget: €

ZUCCHINI-BROKKOLI-RISOTTO

1 Zwiebel • 1 Zucchini • Olivenöl • 8 Brokkoliröschen (TK) • 500 ml Gemüsebrühe • 350 g Risottoreis • 100 ml Weißwein • 2 gehäufte EL Mandelmus (siehe Seite 27) oder Cashewmus • Salz und Pfeffer

1. Die Zwiebel schälen und fein hacken. Die Zucchini klein schneiden. Etwas Öl in einer Pfanne erhitzen und Zwiebel und Zucchini bei mittlerer Hitze darin anschwitzen, dann die Brokkoliröschen dazugeben. In einem weiteren Topf die Gemüsebrühe erhitzen.

2. Den Risottoreis unter das Gemüse rühren und ebenfalls anschwitzen. Die Reiskörner sollen von einem Fettfilm überzogen sein. Mit dem Weißwein ablöschen.

3. Nach und nach je eine Kelle Gemüsebrühe zugeben und jeweils einkochen lassen. Nach etwa 15 Minuten prüfen, ob der Reis gar ist: Wenn er noch bissfest ist, weitere Brühe hinzufügen.

4. Sobald der Reis gar ist, das Mandelmus mit etwas Wasser verrühren und unter das Risotto mischen. Mit Salz und Pfeffer abschmecken.

LEICHT

Für **6** Personen
Zubereitungszeit: **30** Minuten
Gar-/Backzeit: **35** Minuten
Budget: €

GRATIN AUS SOMMERGEMÜSE

2 große Zwiebeln • 3 Zucchini • 3 Auberginen • 5 Tomaten • ½ Bund Petersilie • Pflanzenöl • 3 Knoblauchzehen, zerdrückt • 300 g Soja- oder Reissahne • 4 EL Semmelbrösel • Salz und Pfeffer

1. Den Backofen auf 180 °C vorheizen. Die Zwiebeln schälen und fein hacken. Die Zucchini, die Auberginen und die Tomaten putzen und in kleine Würfel schneiden.

2. Die Auberginenwürfel 3 Minuten in kochendem Wasser vorgaren. Die Petersilie hacken.

3. Einen Teil des Gemüses in eine mit Öl ausgestrichene Auflaufform geben. Etwas Petersilie und Knoblauch daraufgeben und mit etwa der Hälfte der Soja- oder Reissahne beträufeln.

4. Das restliche Gemüse in der Form verteilen, die übrige Petersilie und den restlichen Knoblauch daraufgeben und mit Salz und Pfeffer würzen. Die übrige Sahne auf das Gemüse gießen und mit Semmelbröseln bestreuen. Das Gratin im Ofen 30 Minuten backen.

TIPP:
Zu diesem Gratin passen Grillfleisch und/oder Getreide wie Couscous, Bulgur oder Graupen.

LEICHT

Für **6** Personen
Zubereitungszeit: **20** Minuten
Gar-/Backzeit: **1** Stunde
Ruhezeit: **1** Stunde
Budget: €

BUTTERNUSSKÜRBISQUICHE

Für den Teig:
200 g Mehl • 100 g Margarine • 1 Msp. Salz • Pflanzenöl

Für den Belag:
1 kleiner Butternusskürbis • 3 Eier • 200 g Reissahne • 2 EL Hefeflocken oder Malzhefeflocken (Bioladen oder Supermarkt)

Außerdem:
1 Springform (22 cm Durchmesser)

1. Den Teig zubereiten: Mehl, Margarine und Salz in eine Schüssel geben. Mit den Händen verkneten, falls nötig, etwas Wasser zugeben und eine Teigkugel formen. Den Teig in Frischhaltefolie wickeln und 1 Stunde kalt stellen.

2. Inzwischen den Kürbis schälen, in Würfel schneiden und etwa 15 Minuten in Wasser kochen oder dämpfen.

3. Die Arbeitsfläche mit Mehl bestäuben und den Teig darauf ausrollen. Die Springform mit Öl einfetten, mit Mehl ausstäuben und mit dem Teig auslegen. Den Backofen auf 180 °C vorheizen.

4. Den Butternusskürbis in einer Schüssel nach Belieben mit dem Kartoffelstampfer zerdrücken. Die Eier einzeln aufschlagen und zugeben, dazwischen jeweils gut mit dem Kürbis mischen. Die Reissahne und die Hefeflocken unterrühren.

5. Die Kürbismasse auf den Teig geben und glatt streichen. Die Tarte im Ofen 45 Minuten backen. Lauwarm mit einem Chicoréesalat servieren.

SELBST GEMACHT

DESSERTS

LEICHT

Ergibt etwa **220** g Sahne
Zubereitungszeit: **5** Minuten
Ruhezeit: **12** Stunden
Budget: €

ERDBEEREN MIT KOKOSSCHLAGSAHNE

200 g Kokossahne • 300 g Erdbeeren • 2 EL Puderzucker

1. Die Kokossahne über Nacht kalt stellen. Am nächsten Tag die Erdbeeren waschen und von den Stielen befreien.

2. Die Kokossahne in eine Schüssel geben und mit dem Handrührgerät zu einer festen Creme aufschlagen.

3. Den Puderzucker durchsieben, hinzufügen und vorsichtig untermischen. Kalt stellen und zusammen mit den Erdbeeren servieren.

TIPP:
Wenn Sie keine Kokossahne bekommen, versuchen Sie es mit folgendem Trick: 200 ml gut gekühlte Kokosmilch in eine Schüssel geben, 1 Päckchen Sahnesteif in einem Schälchen mit dem Puderzucker mischen. Die Kokosmilch mit dem Handrührgerät kurz schlagen, dann Sahnesteif und Puderzucker zugeben und zu einer festen Creme aufschlagen.

LEICHT

Ergibt **12** Schälchen (à etwa **100** ml)
Zubereitungszeit: **10** Minuten
Garzeit: **10** Minuten
Ruhezeit: **6** Stunden
Budget: €

SCHOKOLADENCREME

3 gestrichene EL Speisestärke • 600 ml Sojamilch (siehe Seite 24) • 200 g Zartbitterschokolade • 5 EL Zucker

1. Die Speisestärke mit etwas Sojamilch glatt rühren und beiseitestellen. Die übrige Sojamilch in einen Topf geben und bei mittlerer Hitze erwärmen.

2. Die in Stücke gebrochene Schokolade und den Zucker hinzufügen. Gut umrühren, bis die Schokolade komplett in der Milch geschmolzen ist.

3. Die Speisestärke zugeben, kurz aufkochen und weiter unablässig rühren, bis die Masse eindickt. Auf Schälchen verteilen, abkühlen lassen und 6 Stunden kalt stellen.

MITTEL

Für **4** Personen
Zubereitungszeit: **30** Minuten
Gar-/Backzeit: **70** Minuten
Ruhezeit: **2** Stunden
Budget: €

CRÈME BRÛLÉE

1 Vanilleschote • 400 g Sojasahne • 4 Eigelb • 40 g Zucker • 3 EL brauner Rohrzucker

Außerdem:
4 Souffléförmchen (à 125 ml) • Flambierbrenner

1. Den Backofen auf 140 °C vorheizen. Die Vanilleschote aufschneiden und das Mark herauskratzen. Die Sojasahne mit dem Vanillemark und der Vanilleschote zum Kochen bringen. Vom Herd nehmen und die Vanilleschote entfernen.

2. Die Eigelbe mit dem Zucker in einer Schüssel hellgelb und cremig aufschlagen. Die heiße Sojasahne in einem dünnen Strahl unter ständigem Rühren dazugießen.

3. Die Creme auf die Souffléförmchen verteilen. Die Schälchen in eine große Backform oder ein tiefes Backblech stellen und Form bzw. Blech zur Hälfte mit Wasser füllen. Die Crème brûlée im Ofen 1 Stunde stocken lassen. Die Creme muss fest sein, aber noch »wackeln«, wenn man leicht an den Förmchen rüttelt. Abkühlen lassen und mindestens 2 Stunden kalt stellen.

4. Direkt vor dem Servieren mit dem Rohrzucker bestreuen und mit dem Flambierbrenner karamellisieren oder einige Minuten möglichst dicht unter den heißen Backofengrill stellen.

LEICHT

Für **4** Personen
Zubereitungszeit: **10** Minuten
Garzeit: **15** Minuten
Budget: €

PISTAZIEN-PANNA-COTTA MIT FRUCHTPÜREE

400 g Mandelsahne • 1 EL Mandelmus (siehe Seite 27) • 1 großer EL Pistaziencreme (Feinkostabteilung) • ½ gestrichener TL Agar-Agar • 8 EL Agavensirup • 100 g tiefgekühlte rote Beeren (z. B. Erdbeeren, Himbeeren, Johannisbeeren)

1. Die Mandelsahne mit dem Mandelmus und der Pistaziencreme in einem Topf erhitzen.

2. Das Agar-Agar zugeben, aufkochen und die Mischung unter ständigem Rühren 2 Minuten köcheln lassen. Vom Herd nehmen und 4 EL des Agavensirups zufügen. Die Mischung auf Gläser verteilen, abkühlen lassen und kalt stellen.

3. Das Fruchtpüree zubereiten: Die Beeren zusammen mit weiteren 4 EL Agavensirup in einen Topf geben und 10 Minuten bei mittlerer Hitze zu einem Mus einkochen lassen. Das Fruchtmus durch ein feines Sieb streichen und abkühlen lassen. Die Panna cotta im Glas damit überziehen und servieren.

LEICHT

Ergibt **30** Madeleines
Zubereitungszeit: **20** Minuten
Backzeit: **20** Minuten
Ruhezeit: **30** Minuten
Budget: €

MADELEINES

4 Eier • 125 g Rohrzucker • 130 g Margarine, zerlassen • 230 g Mehl • 1 TL Vanillezucker • 1 Päckchen Backpulver

Außerdem:
Madeleine-Form

1. Die Eier mit dem Zucker in einer Schüssel zu einer hellgelben Creme aufschlagen.

2. Die zerlassene Margarine zugeben, dann das Mehl, den Vanillezucker und das Backpulver hinzufügen. Alle Zutaten zu einem glatten Teig verarbeiten. Den Teig kalt stellen und 30 Minuten ruhen lassen.

3. Den Backofen auf 240 °C vorheizen. Den Teig in eine beschichtete Madeleine-Form geben. Dann auf 180 °C herunterschalten und die Madeleines im Ofen 20 Minuten backen. Die Madeleines aus dem Ofen nehmen und lauwarm abkühlen lassen, dann aus der Form lösen.

LEICHT

Ergibt **10** Crêpes
Zubereitungszeit: **40** Minuten
Ruhezeit: **1** Stunde
Budget: €

VANILLECRÊPES

2 Eier • 1 EL Zucker • 175 g Mehl • 350 ml Sojamilch mit Vanillegeschmack • 1 EL Traubenkernöl • Fett zum Braten

1. Die Eier in einer Schüssel mit dem Zucker verquirlen. Das gesiebte Mehl einrühren. Nach und nach die Sojamilch unterrühren und das Traubenkernöl zufügen. Mit einem Tuch abdecken und 1 Stunde ruhen lassen.

2. In einer flachen Pfanne etwas Fett erhitzen. Eine Kelle Teig in die Pfanne geben und die Crêpe 2 Minuten backen, wenden, 1 weitere Minute backen, auf einen Teller geben und warm stellen. Mit dem Rest des Teigs ebenso verfahren.

LEICHT

Ergibt **9** Gläschen (à **125** ml)
Zubereitungszeit: **5** Minuten
Ruhezeit: **12** Stunden
Budget: €

SELBST GEMACHTER SOJAJOGHURT

1 Becher Natur-Sojajoghurt (150 g) • 1 l Sojamilch (siehe Seite 24) • 2 EL Sirup nach Wahl

Außerdem:
Joghurtbereiter

1. In einer großen Schüssel den Sojajoghurt mit der Sojamilch mischen und den Sirup hinzufügen.

2. Die Mischung in saubere und trockene Joghurtgläser füllen und diese für 12 Stunden (bzw. über Nacht) in den Joghurtbereiter stellen.

3. Die Gläser mit Deckeln verschließen und abkühlen lassen. Kalt stellen, damit der Joghurt fest wird.

VARIATION:
Um Vanille-Sojajoghurt zuzubereiten, verwenden Sie Sojamilch mit Vanillegeschmack und lassen Sie den Sirup weg.

LEICHT

Ergibt **1** großes Glas (etwa **500** ml)
Zubereitungszeit: **15** Minuten
Budget: €€

SCHOKO-NUSS-AUFSTRICH

100 g Zartbitterschokolade • 150 g Reissahne • 3 EL Agavensirup • 150 g Haselnussmus (Seite 27) • 1 EL Haselnussöl

1. Die Schokolade in Stücke brechen. Mit der Reissahne in einer Metallschüssel über dem Wasserbad oder in einem Topf bei schwacher Hitze schmelzen. Vom Herd nehmen und gut durchrühren.

2. Den Agavensirup zugeben und unterrühren, dann das Haselnussmus und das Haselnussöl unterrühren. Wenn eine glatte, homogene Masse entstanden ist, diese in ein sauberes, steriles Schraubglas füllen.

TIPP:
Stellen Sie Ihren selbst gemachten Schokoaufstrich kalt und nehmen Sie ihn erst einige Minuten, bevor Sie ihn zu Crêpes oder frischem Brot servieren, aus dem Kühlschrank.

LEICHT

Für **4** Personen
Zubereitungszeit: **30** Minuten
Budget: €

ÎLES FLOTTANTES MIT MANDELMILCH

3 Eier • 120 g Zucker • 1 EL Speisestärke • 1 Vanilleschote • 500 ml Mandelmilch (siehe Seite 22) • gehobelte Mandeln zum Garnieren

1. Die Eiweiße von den Eigelben trennen. Den Zucker zum Eigelb geben und beides mit dem Handrührgerät zu einer hellgelben, cremigen Masse schlagen. Die Speisestärke zugeben und gut verrühren.

2. Die Vanilleschote der Länge nach aufschneiden und das Vanillemark mit einem spitzen Messer herauskratzen. Das Vanillemark zusammen mit der Mandelmilch in einen Topf geben und zum Kochen bringen. Die Vanille-Mandelmilch nach und nach und unter ständigem Rühren zur Eigelb-Zucker-Mischung gießen. Die Vanillesauce zurück in den Topf füllen.

3. Bei mittlerer Hitze erwärmen und dabei mit einem Spatel umrühren, bis die Sauce leicht andickt und am Löffel haften bleibt. Vom Herd nehmen und kalt stellen.

4. Das Eiweiß sehr steif schlagen. Einen großen Topf Wasser zum Kochen bringen. Mit einem Esslöffel den Eischnee portionsweise abstechen und die Bällchen 30 Sekunden von jeder Seite in das kochende Wasser geben. Mit einem Schaumlöffel herausheben und beiseitestellen.

5. Die Vanillesauce in Schalen füllen, jeweils ein oder zwei Eischneebällchen daraufsetzen und mit gehobelten Mandeln garnieren.

LEICHT

Für **6** Personen
Zubereitungszeit: **5** Minuten
Backzeit: **2** Stunden
Budget: €

LAKTOSEFREIER MILCHREIS

1 Vanilleschote • 150 g Risottoreis • 150 g Zucker • 1 Zimtstange • 1 l Reismilch • 500 ml Sojamilch *(siehe Seite 24)*

1. Den Backofen auf 180 °C vorheizen. Die Vanilleschote der Länge nach aufschneiden und das Vanillemark mit einem spitzen Messer herauskratzen. Reis, Zucker, Vanillemark und die Zimtstange in einer Auflaufform mischen.

2. Reismilch und Sojamilch mischen und darübergießen. Den Milchreis im Ofen 2 Stunden garen.

TIPP:
Köstlich schmeckt der Milchreis lauwarm oder kalt mit Karamellsauce.

VARIATION:
Statt der Zimtstange können Sie auch Kakaopulver oder etwas Pistaziencreme verwenden.

MITTEL

Ergibt etwa **700** g Eiscreme
Zubereitungszeit: **15** Minuten
Gefrierzeit: **30–45** Minuten
Ruhezeit: **12** Stunden
Budget: €

MANDEL-KAFFEE-EIS

500 ml Vanillesauce (siehe Îles flottantes, Seite 114) • 200 g Mandelsahne • 2 EL löslicher Kaffee

Außerdem:
Eismaschine

1. Am Vortag die Schale der Eismaschine ins Gefrierfach stellen. Die Vanillesauce in eine Schale füllen und die Mandelsahne sowie das Kaffeepulver unterrühren. Einige Stunden im Kühlschrank ruhen lassen, damit die Mischung gut durchkühlt.

2. Noch einmal gut mischen, dann nach und nach in die Schale der Eismaschine füllen. 30–45 Minuten darin gefrieren lassen.

3. Das Eis in einen trockenen, sauberen Behälter geben und für einige Stunden in das Gefrierfach stellen.

LEICHT

Ergibt **12** Cupcakes
Zubereitungszeit: **20** Minuten
Backzeit: **25** Minuten
Budget: €

SCHOKOLADE-VANILLE-CUPCAKES

3 Eier • 150 g Zucker • 100 ml Olivenöl • 180 g Mehl • 3 EL Kakaopulver • 1 Päckchen Backpulver • 1 Prise Salz

Für das Topping:
150 g Margarine • 150 g Puderzucker • 1 TL Vanillezucker • Zuckerperlen und Schokoladenstreusel

Außerdem:
Mini-Muffinform und Papierförmchen • Spritzbeutel mit gezackter Tülle

1. Den Backofen auf 180 °C vorheizen. Die Eier mit dem Zucker in einer Schüssel schaumig schlagen. Dann das Olivenöl unterrühren.

2. In einer zweiten Schüssel Mehl, Kakao, Backpulver und Salz mischen. Die Mehlmischung zur Eimischung geben. Alles zu einem glatten Teig verarbeiten.

3. Die Papierförmchen in die Vertiefungen der Muffinform setzen, bis zu zwei Dritteln mit Teig füllen und im Ofen 25 Minuten backen. Aus dem Ofen nehmen und vollständig auskühlen lassen.

4. Währenddessen das Topping zubereiten: Margarine mit Puderzucker und Vanillezucker in eine Schüssel geben. Mit dem Handrührgerät 5 Minuten zu einer cremigen Masse schlagen.

5. Das Topping in einen Spritzbeutel mit gezackter Tülle füllen und kalt stellen. Dann mit dem Spritzbeutel auf die Muffins spritzen und diese mit Zuckerperlen und Schokoladenstreuseln verzieren. Kalt stellen.

TIPP:
In einer luftdicht verschlossenen Dose sind die Cupcakes einige Tage haltbar.

LEICHT

Ergibt **1** Torte
Zubereitungszeit: **30** Minuten
Backzeit: **15** Minuten
Ruhezeit: mindestens **4** Stunden
Budget: €

SCHOKOLADEN-HASELNUSS-TORTE

Für den Teig:
1 Ei • 3 EL Haselnussmus (siehe Seite 27) • 3 EL Zucker • 150 g Mehl

Für die Creme:
200 g Schokolade • 200 g Sojasahne • 1 EL Haselnussmus (siehe Seite 27)

Außerdem:
Tarte- oder Springform (24 cm Durchmesser)

1. Den Backofen auf 180 °C vorheizen. Den Teig zubereiten: Das Ei mit dem Haselnussmus in einer Schüssel vermengen. Zucker und Mehl mischen und zufügen. Den Teig mit den Fingern durchkneten. Sollte er zu trocken sein, noch etwas Wasser hinzufügen.

2. Den Teig auf der bemehlten Arbeitsfläche ausrollen und die Tarte- oder Springform damit auslegen. Den Boden im Ofen 15 Minuten backen.

3. Währenddessen die Creme zubereiten: Die Schokolade mit der Sojasahne und dem Haselnussmus in einer Metallschüssel über dem Wasserbad oder in einem Topf bei schwacher Hitze schmelzen. Wenn eine glänzende, glatte Masse entstanden ist, diese auf den abgekühlten Tarteboden geben. Die ausgekühlte Tarte mindestens 4 Stunden in den Kühlschrank stellen.

LEICHT

Ergibt **1** Kastenkuchen
Zubereitungszeit: **20** Minuten
Backzeit: **45** Minuten
Budget: €

JOGHURTKUCHEN MIT SCHOKOTRÖPFCHEN

1 Becher Natur-Sojajoghurt (150 g) • 2 Becher Vollrohrzucker (verwenden Sie die leeren Joghurtbecher) • 3 Eier • 1 Becher Traubenkernöl • 1 TL Vanillezucker • 3½ Becher Mehl • 1 Päckchen Backpulver • 150 g Schokotröpfchen

Außerdem:
1 Kastenform (30 cm Länge)

1. Den Backofen auf 180 °C vorheizen. Den Sojajoghurt mit dem Zucker und den Eiern in einer Schüssel verrühren.

2. Öl und Vanillezucker dazugeben und alles gründlich mit dem Schneebesen oder Handrührgerät schlagen.

3. Das mit dem Backpulver vermischte Mehl darübersieben und unterrühren. Zum Schluss die Schokotröpfchen unterziehen.

4. Den Teig in die Kastenform geben und im Ofen 45 Minuten backen. Abkühlen lassen und aus der Form nehmen.

LEICHT

Ergibt etwa **15** Cookies
Zubereitungszeit: **20** Minuten
Backzeit: **15** Minuten
Budget: €

CHOCOLATE-CHIP-COOKIES

170 g Margarine • 150 g Rohrohrzucker • 1 Ei • 270 g Mehl • 1 TL Backpulver • 100 g Schokotröpfchen

1. Den Backofen auf 180 °C vorheizen. Die Margarine und den Zucker mit dem Handrührgerät in einer Schüssel schaumig schlagen. Das Ei zugeben und kräftig weiterschlagen.

2. In einer zweiten Schüssel das Mehl mit dem Backpulver mischen. Die Mehlmischung zur Ei-Butter-Zucker-Masse geben und mit einem Holzlöffel unterrühren. Zum Schluss die Schokotröpfchen unterziehen.

3. Aus dem Teig mit beiden Händen Kugeln von etwa 5 cm Durchmesser formen und auf ein mit Backpapier ausgelegtes Blech setzen. 15 Minuten backen. Die Cookies mit einem Palettmesser vom Blech lösen und auf einem Kuchengitter auskühlen lassen.

LEICHT

Ergibt etwa **12** Cookies
Zubereitungszeit: **20** Minuten
Backzeit: **15** Minuten
Budget: €

NUSS-HAFERFLOCKEN-COOKIES

100 g Haselnussmus (gekauft oder selbst gemacht, siehe Seite 27) • 150 g Zucker • 50 ml Traubenkernöl • 1 Ei • 100 g Haferflocken • 120 g Mehl • 1 TL Backpulver • 100 g Schokotröpfchen

1 Den Backofen auf 180 °C vorheizen. Das Haselnussmus zusammen mit dem Zucker, dem Öl und dem Ei in einer Schüssel verschlagen.

2 Wenn die Masse glatt gerührt ist, die Haferflocken, das Mehl und das Backpulver zugeben und gut unterrühren. Zum Schluss die Schokotröpfchen unterziehen.

3 Mit zwei Löffeln kleine Teighäufchen auf ein mit Backpapier ausgelegtes Backblech setzen und im Ofen 15 Minuten backen. Die Cookies mit einem Palettmesser vom Blech lösen und auf einem Kuchengitter abkühlen lassen.

MITTEL

Ergibt etwa **20** Cake-Pops
Zubereitungszeit: **25** Minuten
Budget: €

CAKE-POPS MIT SCHOKOGLASUR

300 g Tortenboden (gekauft oder selbst gebacken) • 3 EL Seidentofu (siehe Seite 25) • 200 g dunkle Kuvertüre • 4 TL Agavensirup • bunte Zuckerperlen, Schokoladenstreusel oder Ähnliches zum Verzieren

Außerdem:
lange Holzstäbchen (z. B. Schaschlikspieße)

Den Tortenboden im Mixer zerkrümeln und mit dem Seidentofu so lange mischen, bis eine feste Masse entsteht.

Kleine Mengen des Teigs abnehmen und mit den Händen zu Kugeln formen. Diese während der Zubereitung der Schokoglasur ins Gefrierfach stellen.

Die Kuvertüre mit dem Agavensirup im Wasserbad schmelzen. Sorgfältig umrühren, bis die Schokolade komplett geschmolzen und schön flüssig ist.

Die Holzstäbchen jeweils 1 cm tief in die Kuvertüre tauchen und bis zur Hälfte in die Teigkugeln stecken.

Die Kugeln leicht schräg in die geschmolzene Kuvertüre tauchen und durch Drehen damit überziehen. Überschüssige Kuvertüre auf einem Kuchengitter abtropfen lassen (alternativ siehe Tipp). Die Cake-Pops mit bunten Zuckerperlen oder Schokoladenstreuseln verzieren.

TIPP:
Stecken Sie die Cake-Pops zum Abtropfen der Schokolade in ein Stück Styropor und stellen Sie sie bis zum Servieren kalt.

MITTEL

Ergibt etwa **15** Stück
Zubereitungszeit: **40** Minuten
Backzeit: **20** Minuten
Budget: €

GLUTENFREIE MINI-SCHOKO-WINDBEUTEL

Für die Konditorcreme:
400 ml Mandel- oder Haselnussmilch (siehe Seite 22) • 20 g Zartbitterschokolade • 1 Prise geriebene Tonkabohne • 3 Eigelb • 60 g Zucker • 3 EL Speisestärke

Für den Brandteig:
125 ml Sojamilch (siehe Seite 24) • 110 g Margarine • 1 TL Zucker • ½ TL Salz • 140 g Vollkornreismehl • 4 Eier

Für die Glasur:
3 EL Puderzucker • 2 TL ungesüßtes Kakaopulver

Außerdem:
2 Spritzbeutel mit Tülle

1. Die Konditorcreme vorbereiten: Die Mandelmilch mit Schokolade und Tonkabohne aufkochen. Die Eigelbe mit dem Zucker cremig aufschlagen, die Speisestärke unterziehen. Die Hälfte der heißen Milch zur Eiercreme geben, dabei kräftig rühren. Die Creme 5 Minuten bei mittlerer Hitze erwärmen, dabei nach und nach die restliche Milch zugeben und weiter rühren, bis alles etwas eindickt und Blasen zu werfen beginnt. In eine Schüssel füllen, mit Frischhaltefolie abdecken und abkühlen lassen.

2. Den Brandteig zubereiten: Den Backofen auf 180 °C vorheizen. 125 ml Wasser und die Sojamilch mit der Margarine, Zucker und Salz in einem Topf erhitzen, bis die Margarine geschmolzen ist und die Mischung kocht. Vom Herd nehmen, das Reismehl auf einmal dazugeben und kräftig umrühren. Den Topf wieder zurück auf den Herd stellen und rühren, bis sich der Teig vom Topfrand löst. Wieder vom Herd nehmen und die Eier mit dem Handrührgerät oder dem Kochlöffel einzeln einarbeiten.

3. Den Teig in einen Spritzbeutel mit Tülle füllen, kleine Häufchen auf ein mit Backpapier ausgelegtes Backblech spritzen und im Ofen 20 Minuten backen (währenddessen auf keinen Fall die Ofentür öffnen). Nach dem Ende der Backzeit die Ofentür einen Spalt öffnen und die Windbeutel noch ein paar Minuten im Ofen lassen. Abkühlen lassen.

4. Die Creme in den zweiten Spritzbeutel geben und mit einer kleinen Tülle die Windbeutel füllen. Für die Glasur 1 EL Wasser mit Puderzucker und Kakao verrühren. Die Windbeutel in die Glasur tauchen und vor dem Servieren kalt stellen.

LEICHT

Ergibt **10** Portionen
Zubereitungszeit: **15** Minuten
Backzeit: **30** Minuten
Budget: €

KASTANIENCREME

4 Eigelb • 1 Ei • 350 g Maronencreme • 500 ml Mandelmilch (siehe Seite 22) • 100 g Sojasahne • 3–4 EL gehackte, gegarte Esskastanien

Außerdem:
10 Souffléförmchen (à 125 ml)

1. Den Backofen auf 150 °C vorheizen. Die Eigelbe und das ganze Ei in einer Schüssel kräftig aufschlagen.

2. Die Maronencreme zugeben, die Mandelmilch und die Sojasahne angießen. Alles zu einer glatten Masse verrühren und in die Souffléförmchen füllen.

3. Die Förmchen in eine größere Backform oder ein tiefes Backblech stellen und Form bzw. Blech zur Hälfte mit Wasser füllen. Die Kastaniencreme 30 Minuten im Ofen stocken lassen. Abkühlen lassen, anschließend kalt stellen. Vor dem Servieren die Creme mit klein gehackten Kastanien bestreuen.

LEICHT

Für **4** Personen
Zubereitungszeit: **10** Minuten
Backzeit: **40** Minuten
Budget: €

FAR BRETON (BRETONISCHER KUCHEN MIT BACKPFLAUMEN)

12 große Backpflaumen • 3 Eier • 100 g Rohrohrzucker • 100 g Mehl • 500 ml lauwarme Sojamilch (siehe Seite 24) oder andere Pflanzenmilch • 1 EL Rum • 1 TL Vanillezucker

Außerdem:
1 Auflaufform (22 × 22 cm)

1. Die Backpflaumen, falls nötig, entsteinen und den Backofen auf 180 °C vorheizen.

2. Die Eier mit dem Zucker in einer Schüssel schaumig schlagen, das Mehl zugeben und anschließend nach und nach die lauwarme Milch unterrühren.

3. Rum und Vanillezucker hinzufügen. Die Backpflaumen in die Form geben, die Masse darauf verteilen und im Ofen 40 Minuten backen. Abkühlen lassen und in Stücke geschnitten servieren.

LEICHT

Ergibt **1** Mug-Cake
Zubereitungszeit: **10** Minuten
Budget: €

SCHOKOLADEN-MUG-CAKE

4 EL Mehl • 1½ EL Birkenzucker (oder Vollrohrzucker) • 2 TL Vanillezucker • ½ TL Backpulver • 1 gehäufter EL Margarine • 4 Rippchen Zartbitterschokolade • 2 EL Hafermilch (oder andere Pflanzenmilch)

Außerdem:
Mikrowellenherd

1. Mehl, Zucker und Backpulver in einer Tasse mischen.

2. Margarine und Schokolade in einem kleinen Topf bei schwacher Hitze schmelzen, dann unter Rühren die Pflanzenmilch zugeben.

3. Die Schokoladenmilch zu den trockenen Zutaten geben und alles gut mischen. Die Tasse in die Mikrowelle stellen und 1–1½ Minuten bei maximaler Leistung garen.

TIPP:
Die Mug-Cakes schmecken köstlich lauwarm zu einem Glas Mandelmilch (siehe Seite 22).

LEICHT

Ergibt etwa **15** Trüffel
Zubereitungszeit: **25** Minuten
Ruhezeit: **2** Stunden
Budget: €

KOKOSTRÜFFEL

200 g gute Zartbitterschokolade • 5 EL Kokossahne • 2 EL Margarine • 1 EL Agavensirup • 1 TL Kokosöl • Kokosraspel

1. Die Schokolade in Stücke brechen und mit der Kokossahne, der Margarine und dem Agavensirup in einer Metallschüssel über dem Wasserbad schmelzen.

2. Wenn die Schokoladenmasse flüssig ist, das Kokosöl zugeben. Gut umrühren und die Masse 2 Stunden kalt stellen, damit sie fest wird.

3. Von der fest gewordenen Masse mit einem Löffel Stücke abstechen. Mit den Händen Kugeln daraus formen und diese in den Kokosraspeln wälzen. Bis zum Verzehr kalt stellen.

SELBST GEMACHT

HEFEGEBÄCK

FÜR KÖNNER

Ergibt **12** Croissants oder **12** Pains au chocolat
Zubereitungszeit: **50** Minuten
Backzeit: **15–20** Minuten
Ruhezeit: **12** Stunden + **3** Stunden
Budget: €

CROISSANTS/ PAINS AU CHOCOLAT

80 g Zucker • 1 TL Salz • 500 g Mehl • 1 Würfel Hefe • 250 ml Sojamilch (siehe Seite 24) plus etwas mehr zum Bestreichen • 50 g weiche Margarine • 200 g Zartbitterschokolade (nach Belieben; für Pains au chocolat)

Für den Blätterteig:
230 g sehr kalte Margarine

1. Den Zucker, das Salz und das Mehl in eine Schüssel geben. In einer zweiten Schüssel die Hefe mit der lauwarmen Sojamilch und 100 ml lauwarmem Wasser mischen, 10 Minuten ruhen lassen und zur Mehlmischung geben.

2. Den Teig in der Küchenmaschine oder von Hand 10 Minuten kneten, dann die weiche Margarine zugeben und so lange weiterkneten, bis der Teig nicht mehr klebt (falls nötig, noch etwas Mehl zufügen). Den Teig zu einem Rechteck formen und über Nacht kalt stellen.

3. Am nächsten Tag die kalte Margarine mit dem Nudelholz zwischen zwei Lagen Frischhaltefolie zu einem 10 × 12 cm großen Rechteck ausrollen. Die Margarineplatte auf die Mitte des Teigrechtecks legen und die Seiten des Teigs darüberklappen. Den Teig mit dem Nudelholz wiederum zu einem Rechteck ausrollen, dann zweimal falten und 1 Stunde kalt stellen. Den Teig wieder aus dem Kühlschrank nehmen und zu einem Rechteck ausrollen, das dreimal so lang wie breit ist. Wiederum zweimal falten und noch einmal kalt stellen. Diese Schritte noch zweimal wiederholen.

4. Den Backofen auf 220 °C vorheizen. Den Teig zu einem großen Rechteck ausrollen. In 12 Dreiecke schneiden und diese von der langen Seite her zur Spitze hin einrollen. Die Croissants auf ein mit Backpapier ausgelegtes Backblech legen, mit etwas Sojamilch einpinseln und im Ofen 15–20 Minuten backen.

VARIATION:
Für Pains au chocolat den Teig in Rechtecke schneiden und jeweils 1 Riegel (3–4 Stücke) Schokolade mittig darauflegen, einrollen und backen.

LEICHT

Ergibt **10** Brötchen
Zubereitungszeit: **30** Minuten
Backzeit: **40** Minuten
Ruhezeit: **45** Minuten
Budget: €

NUSSMILCHBRÖTCHEN

300 ml Haselnussmilch (siehe Seite 22) • 1 Ei • 1 TL Salz • 50 g Zucker • 80 g Dinkelmehl • 450 g Weizenmehl • 50 g Margarine • 1 Päckchen Trockenhefe • 100 g Zartbitterschokolade

1. Die lauwarme Haselnussmilch in eine Schüssel gießen. Das verquirlte Ei, Salz, Zucker, beide Mehle, Margarine, Trockenhefe und die klein gehackte Schokolade dazugeben.

2. Mit der Küchenmaschine oder von Hand 10 Minuten kräftig kneten. Den Teig 15 Minuten ruhen lassen, dann noch einmal 10 Minuten lang kneten. Mit einem Tuch abdecken und 30 Minuten erneut ruhen lassen.

3. Den Teig auf die bemehlte Arbeitsfläche legen und 10 Kugeln daraus formen. Diese noch einmal leicht durchkneten und auf ein mit Backpapier ausgelegtes Backblech setzen.

4. Den Backofen auf 70 °C vorheizen, ein ofenfestes Gefäß mit kochendem Wasser füllen und unten in den Backofen stellen. Die Brötchen im Ofen 30 Minuten backen.

5. Die Brötchen aus dem Ofen nehmen, diesen auf 210 °C aufheizen und die Brötchen weitere 10 Minuten backen. Anschließend auf einem Kuchengitter auskühlen lassen.

LEICHT

Ergibt **10** Brioche-Brötchen
Zubereitungszeit: **30** Minuten
Backzeit: **20** Minuten
Ruhezeit: **100** Minuten
Budget: €

SCHOKO-BRIOCHES

150 g Margarine, in Würfeln • ½ TL Salz • 50 g Vollrohrzucker • 2 Eier • 400 g Mehl • 1 Päckchen Trockenhefe • 200 g Schokotröpfchen

1. Margarine, Salz, Zucker, die verquirlten Eier, Mehl und Trockenhefe in eine Schüssel geben. In der Küchenmaschine oder von Hand 10 Minuten kneten. 10 Minuten ruhen lassen, dann die Schokotröpfchen dazugeben und noch einmal 10 Minuten kneten. Mit einem Tuch abdecken und 1 Stunde ruhen lassen.

2. Den Teig auf einer bemehlten Arbeitsfläche durchkneten und zu 10 Kugeln formen. Die Kugeln auf ein mit Backpapier ausgelegtes Backblech geben und noch einmal 30 Minuten gehen lassen.

3. Den Backofen auf 180 °C vorheizen. Die Brioches 20 Minuten backen, anschließend auf einem Kuchengitter auskühlen lassen.

LEICHT

Ergibt **1** Hefefladen
Zubereitungszeit: **30** Minuten
Backzeit: **25** Minuten
Ruhezeit: etwa **2** Stunden
Budget: €

HEFEFLADEN MIT OLIVENÖL UND ROSINEN

8 EL Olivenöl • 1 EL Orangenblütenwasser • 200 ml lauwarme Mandelmilch (siehe Seite 22) • 2 Eier • 1 Msp. Salz • 4 EL Zucker • 500 g Mehl • 1 Päckchen Trockenhefe • 150 g Rosinen

Außerdem:
1 Keramikschmortopf oder ein runde ofenfeste Form (etwa 4 l Fassungsvermögen)

1. Olivenöl, Orangenblütenwasser, Mandelmilch, die verquirlten Eier, Salz, Zucker und zuletzt Mehl und Hefe in eine Schüssel geben. In der Küchenmaschine oder von Hand 10 Minuten kneten, dann 20 Minuten ruhen lassen. Die Rosinen zufügen und noch einmal 10 Minuten kneten. Mit einem Tuch abdecken und 1 Stunde ruhen lassen.

2. Den Teig auf eine mit Mehl bestäubte Arbeitsfläche legen, zu einer Kugel formen und diese in den Keramikschmortopf oder die ofenfeste Form geben. Noch einmal 30 Minuten gehen lassen.

3. Den Backofen auf 200 °C vorheizen. Den Teig im Topf bzw. in der Form 25 Minuten backen. Lauwarm abkühlen lassen, dann aus der Form nehmen und auf einem Kuchengitter auskühlen lassen.

SELBST GEMACHT

KUCHEN UND TORTEN

LEICHT

Ergibt **1** Kuchen
Zubereitungszeit: **20** Minuten
Backzeit: **40** Minuten
Budget: €

VEGANER LAUWARMER SCHOKOLADENKUCHEN

200 g Zartbitterschokolade • 200 g Hafersahne • 120 g Apfelkompott • 120 g Zucker • 120 g Margarine, zerlassen • 120 g Mehl • 1 TL Backpulver

Außerdem:
1 runde Kuchenform mit gewelltem Rand oder 1 Springform (22 cm Durchmesser)

1. Den Backofen auf 180 °C vorheizen. Die Schokolade mit der Hafersahne in einer Metallschüssel über dem Wasserbad oder in einem Topf bei schwacher Hitze schmelzen, dann beiseitestellen.

2. Das Apfelkompott mit dem Zucker in einer Schüssel mischen. Die zerlassene Margarine dazugeben. Gut verrühren, dann Mehl und Backpulver zugeben und unterrühren.

3. Die Schokoladen-Sahne-Mischung dazugeben und alles zu einer glatten Masse rühren.

4. Die Masse in die gefettete und mit Mehl ausgestäubte Kuchenform füllen und im Ofen 40 Minuten backen.

TIPP:
Den Schokoladenkuchen abgekühlt oder lauwarm mit einer Vanillesauce aus Sojamilch servieren.

MITTEL

Ergibt **1** Torte
Zubereitungszeit: **40** Minuten
Backzeit: **25** Minuten
Ruhezeit: ungefähr **12** Stunden
Budget: €

ERDBEERTORTE

Für den Biskuitboden:
3 Eier • 150 g Zucker • 2 EL Traubenkernöl • 100 g Mehl • ½ Päckchen Backpulver

Für die Vanillecreme:
700 ml Sojamilch (siehe Seite 24) • Mark von 1 Vanilleschote • 3 Eigelb • 150 g Zucker • 5 gehäufte EL Speisestärke • 3 EL Margarine

400 g Erdbeeren

Außerdem:
1 Tortenring (24 cm Durchmesser)

1. Den Backofen auf 180 °C vorheizen. Die Eier trennen. Die Eigelbe mit dem Zucker hellgelb und cremig schlagen. Dann das Öl, das gesiebte Mehl und das Backpulver unterrühren.

2. Das Eiweiß steif schlagen und vorsichtig unter die Masse ziehen. Den Biskuitteig in den gefetteten Tortenring füllen und im Ofen 25 Minuten backen.

3. Die Erdbeeren waschen, entstielen und längs halbieren.

4. Die Creme zubereiten: Die Sojamilch mit Vanillemark in einem Topf erwärmen. Die Eigelbe mit dem Zucker aufschlagen, dann die Speisestärke unterrühren. Die warme Sojamilch nach und nach unter ständigem Rühren zur Eiermasse gießen. Die Mischung wieder in den Topf füllen. Bei starker Hitze zu einem glatten Pudding einkochen lassen, dabei unablässig mit dem Schneebesen rühren. Vom Herd nehmen, mit Frischhaltefolie abdecken und beiseitestellen.

5. Den Biskuitboden aus dem Ring lösen und quer mit einem langen Messer oder mithilfe eines Zwirns durchteilen. Die erste Biskuitbodenhälfte auf einen Servierteller geben, mit dem Tortenring umstellen und die Erdbeeren am Tortenring entlang verteilen.

6. Den abgekühlten Pudding mit dem Handrührgerät aufschlagen. Die Margarine zufügen und weiterschlagen, bis eine glatte Masse entstanden ist. Die Creme auf den Erdbeeren verteilen. Den zweiten Biskuitboden daraufsetzen. Die Torte über Nacht kalt stellen.

TIPP:
Als Dekoration können Sie die Torte mit einer Marzipandecke überziehen. Statt der Erdbeeren schmecken auch Aprikosenhälften aus dem Glas sehr gut.

LEICHT

Ergibt **1** Tarte
Zubereitungszeit: **30** Minuten
Backzeit: **1** Stunde
Ruhezeit: **1** Stunde
Budget: €

PUDDINGTARTE

Für den Teig:
100 g Margarine • 50 g Puderzucker • 1 Prise Salz • 30 g gemahlene Mandeln • 1 Ei • 250 g Mehl

Für den Pudding:
1 l Sojamilch mit Vanillegeschmack oder Mandelmilch (siehe Seite 22) • 1 Vanilleschote • 4 Eier • 100 g Zucker • 100 g Speisestärke

Außerdem:
1 Tarteform (30 cm Durchmesser)

1. Margarine, Puderzucker, Salz, gemahlene Mandeln und Ei in einer Schüssel mit dem Handrührgerät vermengen. Das Mehl zugeben und alles rasch zu einem glatten Teig verarbeiten.

2. Den Teig zu einer Kugel formen, in Frischhaltefolie wickeln und 1 Stunde kalt stellen.

3. Den Backofen auf 150 °C vorheizen. Mit dem Nudelholz den Teig etwa 2–3 mm dick ausrollen und die Tarteform damit auskleiden. Den Teig 15–18 Minuten blind backen, bis er etwas Farbe annimmt.

4. Anschließend die Creme zubereiten: Die Soja- oder Mandelmilch mit dem ausgekratzten Mark der Vanilleschote in einem Topf erhitzen und wieder abkühlen lassen.

5. Den Backofen auf 180 °C stellen. Die Eier mit dem Zucker schaumig schlagen, die Speisestärke und dann die abgekühlte Milch unterrühren.

6. Die Masse in einen Topf geben und einige Minuten bei schwacher Hitze zu einem Pudding einkochen lassen, dabei mit dem Schneebesen rühren. Den Pudding auf den abgekühlten Tarteboden geben und im Ofen 40 Minuten backen.

MITTEL

Ergibt **1** Torte
Zubereitungszeit: **70** Minuten
Backzeit: **10** Minuten
Ruhezeit: **12** Stunden
Budget: €€

ROYAL AU CHOCOLAT (DREISTÖCKIGE SCHOKOLADENTORTE)

3 Eier • 100 g Zucker • 80 g Mehl • 20 g gemahlene Mandeln • 2 EL Traubenkernöl • 80 g Waffelröllchen • 3 EL laktosefreie Nussnougatcreme • 400 ml Kokossahne • 100 g Puderzucker • 1 Msp. Agar-Agar • 200 g Zartbitterschokolade • 3 EL Kokosöl

Außerdem:
1 Tortenring (20 cm Durchmesser)

1. Den Backofen auf 180 °C vorheizen. Die Eier trennen. Die Eigelbe mit dem Zucker in einer Schüssel cremig schlagen. Das Mehl, die Mandeln und das Öl unterrühren. In einer zweiten Schüssel das Eiweiß sehr steif schlagen. Ein Drittel des Eischnees sorgfältig unter die Eigelbmasse rühren. Den übrigen Eischnee mit einem Teigschaber nach und nach vorsichtig unterheben.

2. Den Teig auf ein mit Backpapier ausgelegtes Backblech streichen und im Ofen 10 Minuten backen. Auskühlen lassen und mit dem Tortenring einen Kreis ausstechen. Auf einen Servierteller legen und mit dem Tortenring umstellen.

3. Die Waffelröllchen in einer Schüssel zerbröseln und mit der Nussnougatcreme mischen. Die Masse auf dem Kuchenboden verstreichen.

4. Die Kokossahne in einen Topf geben. Den Puderzucker dazusieben und das Agar-Agar zugeben. Aufkochen, 2 Minuten köcheln lassen und beiseitestellen.

5. Die Schokolade mit dem Kokosöl im Wasserbad schmelzen, dann die eingedickte Kokossahne hinzufügen. Gut verrühren. Die Schoko-Kokos-Creme auf die Nougatcreme geben und die Torte über Nacht im Kühlschrank fest werden lassen. Aus dem Tortenring lösen und servieren.

MITTEL

Ergibt **1** Charlotte
Zubereitungszeit: **30** Minuten
Ruhezeit: **12** Stunden
Budget: €

SCHOKOLADEN-BIRNEN-CHARLOTTE

4 Eier • 20 g Zucker • 200 g Schokolade • 1 kleine Dose Birnen (etwa 230 g Abtropfgewicht) • 1 Packung Löffelbiskuits

Außerdem:
Charlotteform (18 cm Durchmesser)

1. Die Eier trennen. Die Eigelbe mit dem Zucker in einer Schüssel cremig schlagen. In einer zweiten Schüssel das Eiweiß steif schlagen.

2. Die Schokolade im Wasserbad schmelzen und zur Eigelb-Zucker-Mischung geben. Den Eischnee vorsichtig mit einem Teigschaber unterheben.

3. Die Birnen abtropfen lassen, dabei den Saft aus der Dose auffangen. Die Birnen in kleine Stücke schneiden und beiseitestellen.

4. Die Löffelbiskuits mit dem Birnensaft tränken und damit die Charlotteform auskleiden. Ein Drittel der Schokoladen-Ei-Masse und ein paar Birnenstücke in die Form geben, dann wieder eine Schicht Schokoladenmasse und ein paar Birnenstücke daraufgeben und mit einer dritten Schicht Schokoladenmasse und Birnenstücken abschließen.

5. Die Charlotte mit den restlichen Löffelbiskuits »zudecken« und über Nacht kalt stellen.

LEICHT

Ergibt **1** Kuchen
Zubereitungszeit: **25** Minuten
Backzeit: **30** Minuten
Budget: €

FRANZÖSISCHER DREIKÖNIGSKUCHEN MIT KASTANIENCREME

50 g Margarine • 3 EL Maronencreme • 20 g Mandel- oder Haselnussmus (siehe Seite 27) • 3 kandierte Esskastanien • 2 Eier • 120 g gemahlene Mandeln oder Haselnüsse • 2 Rollen Blätterteig • 2 EL Sojamilch (siehe Seite 24)

1. Den Backofen auf 180 °C vorheizen. Die Kastaniencreme zubereiten: Die weiche Margarine mit der Maronencreme und dem Mandel- bzw. Nussmus in einer Schüssel vermengen.

2. Die kandierten Kastanien hacken. Zusammen mit den Eiern zu der Masse geben. Gut verrühren, dann die gemahlenen Mandeln oder Nüsse dazugeben. Alle Zutaten zu einer glatten Masse verarbeiten.

3. Die erste Blätterteigrolle auf einem Backblech ausbreiten und einen großen Kreis ausschneiden. Die Creme daraufstreichen, dabei ringsum einen 2 cm breiten Rand lassen. Die Ränder mit etwas Sojamilch bepinseln, dann einen zweiten Kreis Blätterteig daraufsetzen. Mit den Fingerspitzen die Luft behutsam herausdrücken.

4. Die Ränder des Kuchens durch leichtes Zusammendrücken verschließen. Den Teigdeckel mit Sojamilch einpinseln und mit dem Messer ein Rautenmuster hineinritzen. Den Kuchen im Ofen 15 Minuten backen, dann die Ofentemperatur auf 160 °C herunterschalten und den Kuchen weitere 15 Minuten backen.

LEICHT

Ergibt etwa **16** Stück
Zubereitungszeit: **30** Minuten
Backzeit: **40** Minuten
Budget: €€

SCHOKOLADEN-»BROOKIES«

Für den Brownie-Teig:
2 Eier • 125 g Zucker • 150 g Zartbitterschokolade • 2 EL Haselnussöl • 150 g Haselnussmus (siehe Seite 27) • 100 g Mehl

Für den Cookie-Teig:
50 g Zartbitterschokolade • 125 g weiche Margarine • 100 g Zucker • 1 Ei • 170 g Mehl • 1 TL Backpulver

Außerdem:
1 ofenfeste quadratische Form (22 × 22 cm)

1. Den Backofen auf 180 °C vorheizen. Zuerst den Brownie-Teig zubereiten: Die Eier mit dem Zucker in einer Schüssel mit dem Handrührgerät cremig schlagen.

2. Die Schokolade in Stücke brechen und mit dem Haselnussöl in einer Metallschüssel über dem Wasserbad oder in einem Topf bei schwacher Hitze schmelzen, dann das Haselnussmus zufügen und gut unterrühren. Die geschmolzene Schokolade zur Eier-Zucker-Masse geben, anschließend das Mehl unterrühren. Den Teig in die gebutterte Form füllen.

3. Den Cookie-Teig zubereiten: Die Schokolade mit einem Messer hacken. Die Margarine mit einer Gabel in einer Schüssel mit dem Zucker vermengen. Dann das Ei zugeben und alles mit dem Handrührgerät schaumig schlagen. Nach und nach das Mehl und das Backpulver unterrühren. Zuletzt die Schokoladensplitter unterziehen.

4. Den Cookie-Teig auf dem Brownie-Teig verteilen und glatt streichen. Im Ofen 40 Minuten backen. Lauwarm abkühlen lassen, aus der Form lösen und in Stücke geschnitten servieren.

MITTEL

Ergibt **1** Kuchen
Zubereitungszeit: **40** Minuten
Ruhezeit: **12** Stunden
Budget: €

SPEKULATIUS-SCHOKOLADEN-CHEESECAKE

Für den Boden:
200 g Spekulatius • 80 g Margarine

Für den Belag:
250 g Seidentofu (siehe Seite 25) • 200 g Tofu • 100 g Schokolade • 100 ml Reismilch • 150 g Zucker • 2 EL Speisestärke • 1 Msp. Agar-Agar

Außerdem:
1 Springform (24 cm Durchmesser)

1. Die Spekulatius in der Küchenmaschine oder im Blitzhacker fein mahlen. Die Margarine zerlassen. Die Spekulatiuskrümel in einer Schüssel mit der geschmolzenen Margarine mischen. In die Springform geben und gut auf dem Boden festdrücken. Kalt stellen.

2. Den Seidentofu und den in Stücke geschnittenen Tofu im Mixer 1 Minute pürieren.

3. Die Schokolade mit der Reismilch in einer Metallschüssel über dem Wasserbad oder in einem Topf bei schwacher Hitze schmelzen. Den Zucker dazugeben und ein paar Minuten rühren, bis er sich auflöst. Die Mischung zum Tofu in den Mixer geben, Speisestärke und Agar-Agar zugeben und alles 2 Minuten mixen.

4. Die Masse anschließend in einem Topf aufkochen. Die Hitze herunterschalten und die Masse noch weitere 2 Minuten unter kräftigem Rühren köcheln lassen. Auf den vorbereiteten Boden geben und über Nacht fest werden lassen.

TIPP:
Servieren Sie den Cheesecake kalt mit Vanillesauce als Begleitung.

MITTEL

Ergibt **1** Biskuitrolle
Zubereitungszeit: **50** Minuten
Backzeit: **15** Minuten
Budget: €

BISKUITROLLE MIT ZITRONENBAISER

Für den Biskuitteig:
4 Eier • 1 Prise Salz • 120 g Zucker • 40 ml Traubenkernöl • 100 g Mehl • ½ TL Backpulver

Für den Sirup:
2 EL Zitronensaft • 1 EL Zucker

Für den Lemon Curd:
200 ml Zitronensaft • 100 g Zucker • 2 Eier • 1 TL Speisestärke • 100 g Sojasahne

Für das italienische Baiser:
100 g Zucker • 2 Eiweiß

Außerdem:
Mikrowellenherd • Zuckerthermometer • Spritzbeutel mit gezackter Tülle • Flambierbrenner (nach Belieben)

1. Zuerst den Biskuitteig zubereiten: Den Backofen auf 180 °C vorheizen. Die Eier trennen. Das Eiweiß mit 1 Prise Salz zu einer schaumigen Masse schlagen. Nach und nach 3 EL Zucker zufügen und das Eiweiß zu sehr steifem Schnee weiterschlagen.

2. Eigelbe mit restlichem Zucker, Öl und 1 EL Wasser zu einer cremigen Masse schlagen. Mehl und Backpulver mischen und in drei Etappen auf die Masse sieben, jeweils gut durchrühren. In drei Portionen den Eischnee unter die Masse heben. Den Teig auf ein mit Backpapier ausgelegtes Backblech streichen und im Ofen 12 Minuten backen.

3. Währenddessen 3 EL Wasser, den Zitronensaft und den Zucker mischen und auf höchster Stufe 2 Minuten in der Mikrowelle erwärmen. Den Biskuitboden mit dem Sirup bestreichen, sobald er aus dem Ofen kommt, vom Blech lösen und auf ein neues Stück Backpapier stürzen. Mitsamt dem Backpapier einrollen, mit einem Tuch abdecken und beiseitestellen.

4. Den Lemon Curd zubereiten: Den Zitronensaft in einem Topf erhitzen, den Zucker zugeben und darin auflösen. Vom Herd nehmen und abkühlen lassen. Die Eier mit einem Schneebesen in die abgekühlte Flüssigkeit schlagen und den Topf wieder auf den Herd stellen. Die Speisestärke in 1 EL Wasser verrühren, in den Topf geben und alles

unter Rühren aufkochen lassen, bis die Masse eindickt. Dann die Sojasahne zugeben, damit die Creme etwas flüssiger wird, und den Topf vom Herd nehmen. Der Lemon Curd sollte die Konsistenz einer Béchamelsauce haben. Sollte dies nicht der Fall sein, noch einmal bei mittlerer Hitze etwas eindicken lassen. Abkühlen lassen.

5. Den Biskuitboden wieder entrollen, den Lemon Curd daraufstreichen und wiederum sehr fest einrollen. Die Rolle auf eine Servierplatte legen.

6. Das italienische Baiser zubereiten: 35 ml Wasser mit dem Zucker zu einem Sirup einkochen. Dieser sollte eine Temperatur von 118–121 °C haben. Sobald der Sirup 110 °C heiß ist, mit dem Schlagen des Eischnees beginnen. Den Sirup in dünnem Strahl zum Eischnee geben, dabei weiterschlagen, bis das Baiser abgekühlt ist (auf 40 °C).

7. Die Baisermasse in eine Spritztüte mit gezackter Tülle füllen und damit die Zitronenrolle rundherum garnieren. Das Baiser mit einem Flambierbrenner nach Belieben etwas bräunen. Kalt stellen und je nach Geschmack z. B. mit feinen Streifen kandierter Zitronenschale dekorieren.

LEICHT

Für **4** Personen
Zubereitungszeit: **15** Minuten
Garzeit: **20** Minuten
Budget: €

ERDBEER-MANDEL-CRUMBLE

400 g Erdbeeren • 140 g Mandelmus (siehe Seite 27) • 2 EL Traubenkernöl • 100 g Rohrzucker • 150 g Mehl • ½ TL Vanillezucker

Außerdem:
1 Auflaufform oder 4 kleinere, runde ofenfeste Förmchen

1. Die Erdbeeren waschen, entstielen und halbieren. Den Backofen auf 180 °C vorheizen. In einer Schüssel das Mandelmus und das Öl mit einem Holzlöffel mischen.

2. Den Zucker zufügen und gut vermischen. Mehl und Vanillezucker zugeben. Mit den Fingern zu einem krümeligen Teig kneten.

3. Die Erdbeeren in den ofenfesten Formen verteilen. Den Crumble-Teig darübergeben, sodass die Früchte bedeckt sind.

4. Die Crumbles im Ofen 20 Minuten backen. Nach Belieben mit einem Sorbet servieren.

SELBST GEMACHT

LAKTOSEFREIE MILCHDRINKS

LEICHT

Ergibt **6** Gläser
Zubereitungszeit: **10** Minuten
Budget: €

KOKOS-ERDBEER-MILCHSHAKE

250 g Erdbeeren • 500 g laktosefreies Kokosnusseis • 300 ml Mandelmilch (siehe Seite 22) • 100 g Sojasahne • frische Minzeblätter (nach Belieben)

1 Die Erdbeeren waschen, entstielen und grob in Stücke schneiden.

2 Die Erdbeerstücke mit dem Kokosnusseis in einen Mixer geben. Während des Mixens nach und nach die gut gekühlte Mandelmilch und die Sojasahne dazugießen.

3 Sofort in Gläsern mit Strohhalm servieren. Je nach Geschmack mit Erdbeerstückchen und frischen Minzeblättern garnieren.

TIPP:
Noch leckerer wird der Milchshake mit einem Klecks Kokosschlagsahne (siehe Seite 98).

LEICHT

Ergibt **4** kleine Tassen
Zubereitungszeit: **15** Minuten
Budget: €

HEISSE SCHOKOLADE MIT VANILLE UND ZIMT

1 Vanilleschote • 100 g Zartbitterschokolade • 300 ml Mandelmilch (siehe Seite 22) oder Reismilch • 100 g Mandelsahne oder Sojasahne • 1 TL Zucker • 1 Zimtstange

1. Die Vanilleschote längs aufschneiden und mit einem spitzen Messer das Mark herauskratzen.

2. Die Schokolade in einem Topf mit der Mandel- oder Reismilch und der Mandel- oder Sojasahne bei schwacher Hitze schmelzen.

3. Den Zucker, Vanillemark und -schote und die Zimtstange zufügen. Gut umrühren. Die Zimtstange und die Vanilleschote entfernen, die heiße Schokolade auf Tassen verteilen und servieren.

VARIATION:
Probieren Sie dieses Rezept mit verschiedenen Sorten Milch, zum Beispiel Kokos-, Dinkel- oder Hafermilch, oder auch verschiedenen Sahnesorten wie Kokossahne oder Hafersahne aus. Sie können auch ein paar Marshmallows vor dem Servieren dazugeben.

Statt der Zimtstange können Sie auch Kakaopulver verwenden oder etwas Pistaziencreme hinzufügen.

LEICHT

Ergibt **4** Tassen (à **250** ml)
Zubereitungszeit: **20** Minuten
Kühlzeit: mindestens **12** Stunden
Budget: €

HEISSE SCHOKOLADE MIT KOKOSSAHNE

200 g Kokossahne • 150 g Zartbitterschokolade • 500 ml Mandelmilch (siehe Seite 22) • 1 gestrichener EL Speisestärke • 2 EL Zucker • 2 EL Puderzucker • 1 TL ungesüßtes Kakaopulver

Außerdem:
Spritzbeutel mit gezackter Tülle

1. Die Kokossahne über Nacht kalt stellen.

2. Am nächsten Tag die Schokolade in einem Topf bei schwacher Hitze in der Mandelmilch schmelzen. Die Speisestärke in etwas Wasser oder Pflanzenmilch auflösen und zusammen mit dem Zucker zur Schokoladenmilch geben. Einige Minuten umrühren, dann die heiße Schokolade in Tassen füllen.

3. Die Kokosahne mit dem Handrührgerät aufschlagen. Sobald die Sahne etwas fester wird, den Puderzucker einstreuen.

4. Die Kokosschlagsahne in einen Spritzbeutel mit gezackter Tülle füllen, die Tassen damit garnieren und mit Kakaopulver bestäuben.

GLOSSAR

AGAR-AGAR

Agar-Agar ist ein pflanzliches Geliermittel, das aus verschiedenen Algenarten, vor allem Rotalgen, hergestellt wird. In Japan und China ist es schon seit dem 17. Jahrhundert bekannt. Chemisch handelt es sich dabei um ein Polysaccharid, einen Mehrfachzucker. Agar-Agar – der Name stammt aus dem Malaiischen – ist ein hervorragender veganer Ersatz für Gelatine und lässt beispielsweise Süßspeisen, Puddings oder Marmeladen dickflüssig bis schnittfest gelieren. Im Gegensatz zur Gelatine muss es jedoch sehr sparsam dosiert werden: ¼ TL bzw. 1 Msp. Agar-Agar genügen, um 200 ml Flüssigkeit anzudicken. Damit es seine Gelierkraft entfaltet, muss es 1–2 Minuten mit den betreffenden Zutaten gekocht werden.

AGAVENSIRUP

Das Süßungsmittel, auch Agavendicksaft genannt, wird in Mexiko aus Agaven gewonnen. Der geerntete Saft der Agave wird zu einem hellgelben bis bernsteinfarbenen Sirup eingedickt. Agavensirup dient als Ersatz von Zucker und – besonders in der veganen Küche – von Honig. Seine Süße stammt von den Kohlenhydraten Glukose und, deutlich überwiegend, Fruktose. Wie Honig ist diese rein pflanzliche Süße gut löslich in Flüssigkeiten und besitzt in der helleren Variante keinen ausgeprägten Eigengeschmack.

GETREIDEMILCH

Getreidemilch wird aus gekochtem, vermaischtem und anschließend filtriertem Getreide hergestellt. Populär sind vor allem Hafermilch, Dinkelmilch und Reismilch. Durch Fettzugabe und Emulgation kann aus Getreidemilch eine entsprechend fetthaltigere Sahne erzeugt werden. Milch und Sahne aus Reis, Hafer und Dinkel sind im gut sortierten Supermarkt erhältlich und können ebenso wie Sojamilch bzw. -sahne tierische Milch und Milchprodukte in den meisten Speisen ersetzen.

HEFEFLOCKEN

Hefeflocken sind eine Darreichungsform von Nährhefe. Diese wird in der vegetarischen und veganen Küche wegen ihres deftigen Geschmacks, der fast ein wenig an Fleisch erinnert, als Würzmittel eingesetzt. Hefeflocken oder Malzhefeflocken eignen sich zum Abschmecken und Verfeinern verschiedenster herzhafter Speisen. Sie können auch geriebenen Käse in veganen Gerichten ersetzen und verleihen diesen eine cremigere Konsistenz.

KOKOSMILCH

Die bei uns in Dosen oder Tetrapacks erhältliche Kokosmilch wird aus dem Fruchtfleisch von Kokosnüssen hergestellt. Dazu wird das geriebene Kokosfruchtfleisch mit Wasser vermischt, püriert, durch ein Tuch gepresst, ultrahocherhitzt und in Konserven abgefüllt. Im Vergleich zu Soja- und Getreidemilch hat Kokosmilch mit 15–22 %, je nach Verdünnung, einen relativ hohen Fettgehalt, der jedoch noch unterhalb dessen von Kuhmilchsahne liegt. Mit ihrem charakteristischen exotischen Aroma und ihrer milden Süße passt Kokosmilch besonders gut zu asiatischen Gerichten wie Currys, verleiht aber auch Kuchen und Süßspeisen eine aparte Note.

LAKTOSE

Laktose ist ein anderer Begriff für Milchzucker. Dieses Disaccharid – ein Zweifachzucker – ist von Natur aus in der Kuhmilch und auch in Ziegen- und Schafmilch enthalten. Der Milchzucker stellt fast den kompletten Kohlehydratanteil von Milchprodukten dar. Abhängig von der Verarbeitungsweise und/oder dem Reifegrad ist der Laktosegehalt von Milchprodukten unterschiedlich: Sehr niedrig ist er in Butter und gereiftem Käse – Menschen, die unter einer mäßigen bis leichten Laktose-Intoleranz leiden, brauchen also darauf nicht zu verzichten. Die größten Laktosemengen finden sich in Vollmilchpulver. Da dieses jedoch oft industriell hergestellten Lebensmitteln beigegeben ist, muss, wer Milchprodukte meiden will oder aus gesundheitlichen Gründen muss, beim Einkauf immer genau auf die Inhaltsstoffe von Produkten achten.

MANDEL- UND NUSSMILCH

Mandelmilch wird durch natürliche Extraktion aus Mandeln und Wasser hergestellt. Schon im Mittelalter in Europa bekannt, ist Mandelmilch bis heute in Sizilien und Süditalien traditionell beliebt als Getränk und Zutat von Gebäck und Süßspeisen. Milch aus Mandeln oder Haselnüssen lässt sich einfach selbst herstellen (siehe Seite 22). Sie hält sich weniger lang als gekaufte Mandel- oder Nussmilch: maximal 2 Tage im Kühlschrank.

MARONENCREME

Sie wird aus Esskastanien und Zucker hergestellt, ist ein typisch französisches Produkt, aber auch in Italien als Brotaufstrich oder Zutat für Süßspeisen und Gebäck sehr beliebt. Bei uns ist sie in großen Supermärkten und Feinkostgeschäften erhältlich.

ROHRZUCKER

Im Gegensatz zu dem in Mitteleuropa verwendeten Zucker aus Zuckerrüben wird Rohrzucker – wie der Name bereits vermuten lässt – aus Zuckerrohr gewonnen. Charakteristisch ist sein Eigengeschmack nach Melasse. Da er schonend verarbeitet wird, bleiben in ihm sämtliche Spurenelemente und Mineralien erhalten.

SOJAMILCH, SOJASAHNE, SOJAJOGHURT

Sojamilch wird aus eingeweichten, gekochten und pürierten gelben Sojabohnen hergestellt und lässt sich leicht selbst machen (siehe Seite 24). Traditionell gibt es Sojamilch schon seit vielen Jahrhunderten in China und Japan, zu Beginn des 20. Jahrhunderts fand sie den Weg in die westliche Welt. Sojamilch ähnelt in ihrem Eiweißgehalt der Kuhmilch und kann diese bei einer laktosefreien beziehungsweise veganen Ernährungsweise in den meisten Rezepten ersetzen. Sojajoghurt ist ein fermentiertes Produkt aus Sojamilch. Sojasahne entsteht durch Versetzen von Sojamilch mit pflanzlichem Öl, natürlichen Emulgatoren und Stabilisatoren. Sie dient als pflanzlicher Ersatz von Sahne und Crème fraîche.

TOFU

Dieses seit fast 2000 Jahren in Ostasien verbreitete Lebensmittel wird durch Gerinnung aus Sojamilch gewonnen und ähnelt in seiner Herstellung der von Quark beziehungsweise Käse aus Kuhmilch – deshalb wird Tofu auch »Sojaquark« genannt. Je nach Konsistenz und Herstellungsverfahren unterscheidet man verschiedene Arten von Tofu. Der weiche, geschmeidige Seidentofu (Rezept siehe Seite 25) eignet sich gut als Basis für Süßspeisen und zum Verfeinern von Saucen. Räuchertofu, dem durch Räuchern Wasser entzogen wird, hat dagegen eine festere Konsistenz und eine leicht herzhafte Geschmacksnote.

TRAUBENKERNÖL

Wie der Name besagt, wird dieses Öl aus den Kernen von Weintrauben durch Pressung gewonnen. Kalt gepresstes Traubenkernöl enthält nicht nur rund 90 % ungesättigte Fettsäuren, sondern auch Antioxidantien, die Zellschäden verhindern helfen, und deutlich mehr Vitamin E als natives Olivenöl. Seine gesundheitlich wertvollen Inhaltsstoffe und sein feiner, nussiger Geschmack, der ein wenig an Weintrauben erinnert, rechtfertigen den relativ hohen Preis dieses feinen Speiseöls: Gutes Traubenkernöl wird von zahlreichen Ölmühlen unter anderem in Deutschland und Österreich handwerklich gefertigt. Es ist im Feinkosthandel und in gut sortierten Supermärkten erhältlich.

VANILLESCHOTE UND VANILLEZUCKER

Vanilleschoten bekommt man in unterschiedlichen Qualitäten und zu entsprechenden Preisen im Supermarkt und Feinkostladen in Glasröhrchen. Die Schote sollte schwarz-glänzend und prall sein. Man schneidet sie längs auf und kratzt das Mark heraus. Praktisch und lange haltbar, aber nicht so fein aromatisch ist Vanillezucker, für den Zucker mit gemahlener Vanille oder natürlichem Vanillearoma gemischt wird.

REZEPTE VON A–Z

REZEPTE NACH KAPITELN

Grundrezepte

Snacks & Fingerfood

Hauptgerichte

Desserts

Hefegebäck

Kuchen

Laktosefreie Milchdrinks

SELBST GEMACHT

WEITERE TITEL AUS DER REIHE

Selbst gemacht
Rezepte aus Thailand
ISBN 978-3-8310-2663-0

Selbst gemacht
Süße Tartes
ISBN 978-3-8310-2745-3

Selbst gemacht
Kekse & kleine Kuchen
ISBN 978-3-8310-2662-3

Selbst gemacht
Glutenfrei
ISBN 978-3-8310-2744-6

Selbst gemacht
Eis & Sorbet
ISBN 978-3-8310-2572-5

SELBST GEMACHT

JEWEILS € 12,95

Selbst gemacht
Suppen & Eintöpfe
ISBN 978-3-8310-2570-1

Selbst gemacht
Saucen & Marinaden
ISBN 978-3-8310-2661-6

Selbst gemacht
Pizza, Quiches & Tartes
ISBN 978-3-8310-2569-5

Selbst gemacht
Rezepte aus Marokko
ISBN 978-3-8310-2571-8

Selbst gemacht
Aufläufe & Gratins
ISBN 978-3-8310-2664-7

Für die deutsche Ausgabe:
Programmleitung Monika Schlitzer
Projektbetreuung Sarah Fischer
Herstellungsleitung Dorothee Whittaker
Herstellungskoordination Arnika Marx
Herstellung Sophie Schiela

Titel der französischen Originalausgabe:
Fait Maison – Sans Lactose

Übersetzung Kirsten Gleinig, Hamburg
Lektorat Katja Treu, München

ISBN 978-3-8310-2892-4

Druck und Bindung Industria Gráfica Cayfosa, Spanien

Besuchen Sie uns im Internet
www.dorlingkindersley.de

Hinweis
Die Informationen und Ratschläge in diesem Buch sind von den Autoren und vom Verlag sorgfältig erwogen und geprüft, dennoch kann eine Garantie nicht übernommen werden. Eine Haftung der Autoren bzw. des Verlags und seiner Beauftragten für Personen-, Sach- und Vermögensschäden ist ausgeschlossen.